Kontextfreie Syntaxen und verwandte Systeme

Vorträge eines Kolloquiums in Ventron (Vogesen) im Oktober 1984

Herausgegeben von Ursula Klenk

Max Niemeyer Verlag
Tübingen 1985

CIP-Kurztitelaufnahme der Deutschen Bibliothek

Kontextfreie Syntaxen und verwandte Systeme : Vorträge e. Kolloquiums in Ventron (Vogesen) im Oktober 1984 / hrsg. von Ursula Klenk. - Tübingen : Niemeyer, 1985.
(Linguistische Arbeiten ; 155)
NE: Klenk, Ursula [Hrsg.]; GT

ISBN 3-484-30155-4 ISSN 0344-6727

Printed in Germany. Druck: Weihert-Druck GmbH, Darmstadt.

INHALTSVERZEICHNIS

VORWORT

Die Arbeiten zur verallgemeinerten Phrasenstrukturgrammatik (GPSG) und lexikalisch-funktionalen Grammatik (LFG) haben eine neue Phase der Diskussion um kontextfreie Syntaxen und Sprachen eingeleitet. Vormals geäußerte Bedenken gegen die Adäquatheit kontextfreier Syntaxen für die Beschreibung natürlicher Sprachen konnten auf der Grundlage eines veränderten Forschungsstandes vielfach entkräftet werden.

Da zur Zeit an verschiedenen Orten in Westeuropa Sprachwissenschaftler und Computerlinguisten an der syntaktischen Beschreibung natürlicher Sprachen und an Syntaxanalyseverfahren im Rahmen der kontextfreien PSG und verwandter Systeme arbeiten, beschlossen Wolf Thümmel und ich, zu diesem Thema ein Kolloquium zu veranstalten, das den aktuellen Stand der Ergebnisse aufzeigen sollte. Es fand vom 2.-4. Oktober 1984 in Ventron (Vogesen) statt. Der vorliegende Band enthält die dort gehaltenen Vorträge.

Die Beiträge sind in drei Abteilungen angeordnet: die erste ist der Beschreibung syntaktischer Strukturen in natürlichen Sprachen, die zweite der Theorie formaler Syntaxen und die dritte Analysealgorithmen und Anwendungen in der Computerlinguistik gewidmet.

Syntaxen natürlicher Sprachen: Christoph Schwarze behandelt im Rahmen der lexikalisch-funktionalen Grammatik Präpositionen im Französischen. - Der ID/LP-Ansatz in der GPSG gilt als besonders geeignet zur Beschreibung von Sprachen mit freier Wortstellung. Graham Russell und ich wenden uns mit je einem Beitrag zum Deutschen bzw. Spanischen diesbezüglichen Fragestellungen zu. - Wolf Thümmel befaßt sich an Hand von Restriktionen des Zusammenauftretens beiordnender Konjunktionen im Niederländischen mit dem Problem der Bewertung konkurrierender Syntaxen.

Syntaxtheorie: In Jürgen Wedekinds Aufsatz geht es um Bedingungen, unter welchen eine kontextfreie Syntax eine unendliche Sprache erzeugt, genauer um die Festlegung einer entscheidbaren

Rekursionseigenschaft und ein Entscheidungsverfahren dafür für die Gesamtklasse der kontextfreien Syntaxen.

Syntaxanalyse und Anwendungen: Zu Parse-Algorithmen schreiben James Kilbury und Hans-Ulrich Block. Kilbury beschäftigt sich mit der Aufeinanderbezogenheit von Chart-Parsen und Earley-Algorithmus und stellt einen modifizierten Earley-Parser vor. Block behandelt Auflösung von Mehrdeutigkeiten bei Zugrundelegung eines Wait-and-See-Parsers nach Mitch Marcus. - Die letzten drei Aufsätze stehen im Rahmen der maschinellen Übersetzung. Heinz-Dirk Luckhardt beschreibt die Segmentgrammatik des Saarbrücker Übersetzungssystems SUSY und setzt sie zu GPSG und LFG in Beziehung. Dieser Beitrag hätte auch der ersten Abteilung zugeordnet werden können. Heinz-Dieter Maas stellt das System SUSY-II vor, eine Weiter- und Neuentwicklung von SUSY. Im Aufsatz von Manfred Thiel geht es um eine Bewertungsstrategie mehrdeutiger Strukturen, wobei Regelgewichtungen eingeführt werden.

Wir hoffen, durch das Kolloquium und die Herausgabe des vorliegenden Bandes einen Beitrag für die weitere Diskussion um Syntaxen natürlicher Sprachen geleistet zu haben.

Göttingen, im März 1985 Ursula Klenk

DIE BEHANDLUNG VON PRÄPOSITIONEN IN DER LEXIKALISCH-FUNKTIONALEN GRAMMATIK*

Christoph Schwarze

0. Vorbemerkungen

Die Erfinder der lexikalisch-funktionalen Grammatik erheben den Anspruch, daß dieses Modell eine aussichtsreiche Hypothese über die Form ist, in der sprachliches Wissen mental repräsentiert ist. Diesen Anspruch möchte ich auf sich beruhen lassen. Die Motivation für meine Beschäftigung mit der lexikalisch-funktionalen Grammatik (LFG) ist eine doppelte: die LFG erscheint mir inhaltlich attraktiv, weil sie Gesichtspunkte und Forschungsrichtungen zur Synthese bringt, die sich für die Syntax und Semantik des Verbs als fruchtbar erwiesen haben (Valenztheorie, Kasusgrammatik), und sie hat praktisch den Vorteil, daß sie ohne großen Aufwand programmierbar ist. (So gibt es z.B. ein Programm in PROLOG, das LFG-Regeln der Standardform in einen Parser überführt[1].)

Die lexikalisch-funktionale Grammatik ist in vielen Punkten bisher nur andeutungsweise ausgearbeitet. (Ich beziehe mich hier auf den Stand, wie er in BRESNAN (1982)[2] dokumentiert ist.) Es ist das Ziel des vorliegenden Beitrags, die dort skizzierte Behandlung von Präpositionalphrasen zu konkretisieren und anhand einiger Beispiele zu testen. Dies soll anhand des Französischen geschehen.

1. Die Grundidee der LFG

Die Syntaxregeln der LFG unterscheiden sich von anderen kontextfreien Syntaxformaten dadurch, daß sie parallel zur Konstituentenstruktur (K-Struktur) eine funktionale Struktur (F-Struktur) erzeugen. Dies heißt konkret folgendes: Ersetzungsregeln der üblichen Art erzeugen Bäume, deren Knoten Konstituenten sind (S, NP, VP, N, V, usw.). Bei bestimmten Knoten erzeugen die Regeln ein Symbol, das Information darüber liefert, welche grammatische Funktion (Subjekt, Objekt, usw.) die betreffende Konstituente im Satz hat. Die Regeln haben also eine Form, wie sie vereinfacht in (1) exemplifiziert ist:

(1) a. S → NP VP, where NP = SUBJEKT b. VP → V NP, where NP = OBJEKT

Jeder von der Grammatik erzeugte Satz erhält eine doppelte Strukturbeschreibung: eine K-Struktur, die Information über die F-Struktur enthält (2), und eine F-Struktur, die sich aus der K-Struktur und dem Lexikon ergibt (3):

(2)

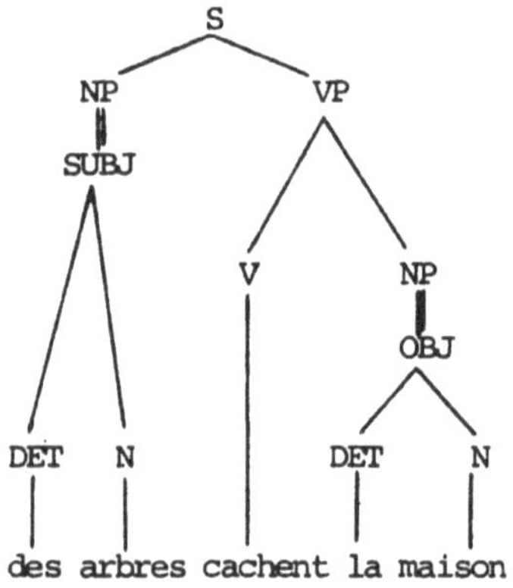

(3)

SUBJ		GEND	MASC
		NUM	PL
		SPEC	INDEF
		PRED	'ARBRE'
PRED	'CACHE <(SUBJ) (OBJ)>		
		PERS	3
		NUM	PL
OBJ		GEND	FEM
		NUM	SG
		SPEC	DEF
		PRED	'MAISON'

Zur Erklärung von (3) ist hinzuzufügen, daß die benötigten Lexikoneinträge wie folgt aussehen:

(4) des DET, SPEC = INDEF
NUM = PL

arbres N, GEND = MASC
NUM = PL
PRED = 'ARBRE'

cachent V, PRED = 'CACHE <(SUBJ)(OBJ)>'

la DET, SPEC = DEF
GEND = FEM
NUM = SG

maison N, GEND = FEM
NUM = SG
PRED = 'MAISON'

Die F-Struktur ist die Eingabe für Wohlgeformtheitsregeln, die die Vollständigkeit und Konsistenz des Satzes überprüfen. (So legt z.B. der Eintrag zu cachent fest, daß ein Subjekt und ein Objekt vorhanden sein muß. Wäre etwa die VP aufgrund einer anderen Regel nicht zu V+NP, sondern nur zu V expandiert worden, so bestünde ein Widerspruch zum Wörterbucheintrag, und der Satz wäre als ungrammatisch erkannt. Ebenso läßt sich die Numerus- und Genuskongruenz innerhalb der NPs oder die Numeruskongruenz zwischen Subjekt und Verb überprüfen.)

Die F-Struktur ist außerdem Eingabe für Regeln der semantischen Interpretation (solche sind ausgearbeitet in HALVORSEN (1983))[3].

Die wichtigste Charakteristik der LFG ist das Vorhandensein sog. lexikalischer Regeln. Diese machen Verben aus Verben und erfassen so die unterschiedliche Stellenzahl von Prädikaten, das Passiv, die Reflexivierung usw. Dieser Punkt spielt jedoch für die hier zu diskutierenden Fragen keine Rolle.

2. Die Behandlung der Präpositionen in BRESNAN (1982)

Die Behandlung der Präpositionen in BRESNAN (1982) geht von der unbestrittenen Tatsache aus, daß Präpositionen in Präpositionalphrasen auftreten. Sie postuliert ferner, daß alle NPs, die nach einer Präposition stehen, mit dieser zusammen Präpositionalphrasen bilden; d.h. sie macht auf der Ebene der Konstituenz keinen Unterschied zwischen Präpositionen, die bloße Kasuszeichen sind (wie z.B. à in je pense à cela) und solchen, die inhaltlich Relationen spezifizieren, wie z.B. avec in je viendrai avec elle): in beiden Fällen ist die Präposition der Kopf einer Präpositionalphrase. Die erwähnten Unterschiede (und ggf. weitere funktionale Gegebenheiten) werden in den F-Strukturen ausgedrückt.

Nach BRESNAN (1982) können Präpositionalphrasen funktional zweierlei sein: entweder sie sind oblique Objekte (OBL) oder sie sind Adjunkte (ADJ). (Für Sprachen wie Englisch oder Französisch macht Bresnan eine Unterscheidung, die der traditionellen Unterscheidung zwischen direktem und indirektem Objekt entspricht. Das direkte Objekt (OBJ) ist konfigurational realisiert[4], während das oblique Objekt (OBL) durch eine Präpositionalphrase oder durch ein Pronominaladverb realisiert wird.)

Die Unterscheidung zwischen obliquem Objekt und Adjunkt beruht natürlich auf der auch sonst allgemein akzeptierten Idee, daß manche Präpositionalphrasen syntaktisch vom Verb subkategorisiert werden (in der Terminologie der Valenztheorie: von der Valenz des Verbs gefordert werden) und andere nicht. (Man denke an die auf TESNIÈRE (1959) zurückgehende Unterscheidung zwischen <u>actant</u> (Ergänzung) und <u>circonstant</u> (Angabe). Diese Unterscheidung wird in der LFG wie folgt expliziert:

i. In einem <u>obliquen Objekt</u> ist die Präposition nur Kasuszeichen; ihr wird kein semantisch interpretierbares Prädikat zugeordnet (p. 217). Ist die Präpositionalphrase hingegen ein Adjunkt, so steht die Präposition für ein semantisch interpretierbares Prädikat.

ii. In den F-Strukturen werden dem <u>obliquen Objekt</u> (nicht anders als dem normalen Objekt oder dem Subjekt) als Wert nur ein einfaches Symbol oder eine hierarchisch niedrigere F-Struktur zugeordnet (ein Beispiel für den letzteren Fall sind die Werte für SUBJ und OBJ in (3)). Die Werte der <u>Adjunkte</u> hingegen sind Mengen. Dieser Unterschied wird dadurch in der Notation ausgedrückt, daß die Zuordnung des Werts beim obliquen Objekt durch das Gleichheitszeichen =, und beim Adjunkt durch das Zugehörigkeitszeichen ε erfolgt (pp. 177, 215).

iii. Die <u>obliquen Objekte</u> werden (genau wie die normalen Objekte, das Subjekt und die Komplemente) im Lexikon durch die sog. <u>lexikalischen Formen</u> in den Einträgen der Verben festgelegt (s. als Beispiel den Eintrag für <u>cachent</u> in (4)), und diese Information ist die Grundlage für die Überprüfung der F-Strukturen auf Vollständigkeit (für jede grammatische Funktion, die das Verb festlegt, muß ein entsprechendes Argument in der F-Struktur vorhanden sein) und auf Kohärenz (die F-Struktur darf nur diejenigen verbabhängigen Argumente enthalten, die von der lexikalischen Form des Verbs festgelegt sind; pp. 97s., 149ss.). Die Adjunkte werden von diesen funktionalen Beziehungen nicht betroffen. Sie stehen zwar auf der Ebene der K-Struktur in einer möglicherweise engen Beziehung zum Verb (wenn Präpositionalphrasen nicht am Satzanfang stehen und nicht Teil einer NP sind, werden sie vom VP-Knoten dominiert), aber ihr Auftreten wird nicht über die lexikalische Form des Verbs geregelt (p. 214s.). Adjunkte sind also funktional vom Kontext völlig unabhängig. Deswegen werden auch bei der Erstellung der F-Strukturen sämtliche Präpositionalphrasen, die einen sie direkt dominierenden Knoten gemeinsam haben und denen die grammatische Funktion ADJ zugeordnet wurde, einfach zu einer Menge ADJUNCTS zusammengefaßt.

2.1. Die Lexikoneinträge für Präpositionen

Aus dem oben unter 1. Gesagten ergibt sich, daß es für Präpositionen zwei verschiedene Typen von Lexikoneinträgen gibt, je nachdem, ob die Präposition in obliquen Objekten oder in Adjunkten auftreten kann. Für Präpositionen, die in beiden auftreten können, müssen je zwei Einträge geschrieben werden.

Der Eintrag für eine Präposition, die in einem obliquen Objekt auftreten kann, besteht nur aus der Wortform (z.B. engl. to), dem Kategoriensymbol P und einer Gleichung. Diese gibt an, welchen Wert das Attribut PCASE (s. hierzu unten, 2.3.) hat. Dieser Wert kann entweder die Form der Präposition selbst sein (wie in (5)), oder der Name der anhand einer thematischen Rolle spezifizierten grammatischen Funktion OBL sein (wie in (6) (p. 197)).

(5) to P, (↑PCASE)=TO

(6) to P, (↑PCASE)=OBL_{GOAL}

Für Einträge von Präpositionen, denen ein semantisch interpretierbares Prädikat entspricht, habe ich keine Beispiele gefunden.

2.2. Die Erzeugung von Präpositionalphrasen

Präpositionalphrasen können durch die Expansion von S (Präpositionalphrase als Adjunkte am Satzanfang), von N (Präpositionalphrase als Adjunkte in attributiver Funktion) und von VP erzeugt werden (Präpositionalphrase als Adjunkte oder als oblique Objekte). Wir interessieren uns hier für den letzteren Fall.

Wie schon gesagt, wird davon ausgegangen, daß ein rechts vom Verb stehendes Adjunkt vom VP-Knoten (also nicht etwa von S) dominiert wird. Ferner wird stillschweigend davon ausgegangen, daß die lineare Abfolge von obliquen Objekten und Adjunkten frei ist, und da die Wohlgeformtheit endgültig erst anhand der F-Struktur überprüft wird, kann die Präpositionalphrase durch eine Regel erzeugt werden, die relativ wenig Beschränkungen ausdrückt. Ihre allgemeine Form (nach p. 217) ist

(7) VP → V ... PP* $\begin{Bmatrix} \text{OBL} \\ \text{ADJ} \end{Bmatrix}$

(Der sog. Kleene-Stern ist eine Abkürzung für ein Regelschema, welches besagt, daß der betreffende Knoten beliebig oft, einschließlich null mal, erzeugt werden soll.)

2.3. Die F-Struktur von obliquen Objekten

Der Begriff obliques Objekt (OBL) ist ein Sammelbegriff. Er faßt eine Anzahl verschiedener grammatischer Funktionen zusammen. Diese können sowohl anhand ihres Kasuszeichens (morphologischer Kasus oder Präposition) als auch anhand ihrer thematischen Rolle identifiziert und benannt werden. (Dies beruht offenbar auf der Tatsache, daß es in den verschiedenen Sprachen relativ generelle Zuordnungen zwischen Präposition und thematischer Rolle gibt, so im Engl. zwischen <u>to</u> und 'Ziel' oder zwischen <u>by</u> und 'Agens'; vgl. p. 300. Auf die Tatsache, daß solche Zuordnungen nicht durchgängig sind, soll weiter unten eingegangen werden.)

Die F-Struktur eines obliquen Objekts kommt wie folgt zustande (die folgende Darstellung ist aus den verschiedenen einschlägigen Passagen in BRESNAN (1982) rekonstruiert; die technische Detailbehandlung ist dort nicht immer ganz einheitlich):

(1) Aufgrund einer Regel, die der unter (7) angegebenen Form entspricht, ist eine Präpositionalphrase erzeugt worden, die mit der funktionalen Annotation versehen ist, daß es sich um ein obliques Objekt handelt. Genau geschrieben sieht das Ergebnis der Regelanwendung so aus:

(8) PP
$(\uparrow \text{OBL}) = \downarrow$

was zu lesen ist: "diese Konstituente ist das oblique Objekt der sie dominierenden VP".

(2) Die Präpositionalphrase wird zu P+NP expandiert, und für P wird eine

lexikalische Einheit eingesetzt, die in ihrem Eintrag als P kategorisiert ist. Mit dieser Präposition wird aus dem Lexikon auch die dort angegebene Gleichung geholt; diese steigt über den P-Knoten bis zum PP-Knoten auf und wird unter die bereits vorhandene Annotation geschrieben. Angenommen, die Präposition sei engl. <u>to</u> (vgl. (5), (6)), so lautet die vollständige Beschriftung des PP-Knotens:

(9) PP
$(\uparrow \text{OBL}) = \downarrow$
$(\downarrow \text{PCASE}) = \text{TO}$

oder

(10) PP
$(\uparrow \text{OBL}) = \downarrow$
$(\downarrow \text{PCASE}) = \text{GOAL}$[5]

(Hierbei ist PCASE dasjenige Merkmal, durch das spezifiziert wird, um welchen Untertyp von OBL es sich handelt.)

Prinzipiell werden also die spezifizierten obliquen Objekte durch Paare angegeben. Man kann diese Paare jedoch abkürzend zusammenfassen. Statt (7) lautet die annotierte Erzeugungsregel nun (p. 300):

(7') $\text{VP} \rightarrow \text{V} \ldots \text{PP}^*$
$(\uparrow (\downarrow \text{PCASE})) = \downarrow$

Der annotierte Teilbaum für eine Präpositionalphrase mit engl. <u>to</u> sieht dann so aus (p. 306):

(11)

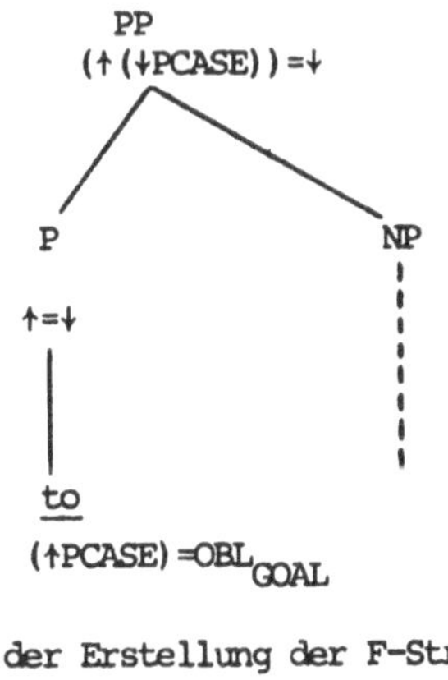

Bei der Erstellung der F-Struktur wird nun einfach der Wert des PCASE-Attributs als Name der gesamten Funktion (bzw. des gesamten Arguments)

benutzt. So ergibt sich beispielsweise für engl. to her (p. 307) die folgende F-Struktur:

(12)

$$\left[\begin{array}{ll} \ldots & \\ OBL_{GOAL} & \left[\begin{array}{ll} PCASE & OBL_{GOAL} \\ CASE & ACC \\ GEND & FEM \\ NUM & SG \\ PERS & 3 \\ PRED & \text{'PRO'} \end{array}\right] \end{array}\right]$$

Das Symbol OBL_{GOAL} tritt also sowohl als Name der ganzen Funktion, d.h. als Attribut auf, als auch als Spezifikation des PCASE, d.h. als Wert. Dies sind jedoch technische Details, auf die ich hier nicht weiter eingehen möchte.

2.4. Die F-Struktur von Adjunkten

Die interne funktionale Struktur von Adjunkten wird in BRESNAN (1982) nicht behandelt, und zwar mit der Begründung, daß darüber noch geforscht werde (p. 216). Es wird lediglich festgelegt, daß, wie schon gesagt, eine Präpositionalphrase, die ein Adjunkt ist, als zur Menge der Adjunkte gehörig gekennzeichnet wird[6]. Der entsprechende Teil von Regel (7) wird dementsprechend genauer geschrieben mit $\downarrow\varepsilon(\uparrow\text{ADJUNCTS})$ (p. 217), so daß Regel (7) nun endgültig lautet:

(7'') $$VP \rightarrow V \ \ldots \ \underset{\left\{\begin{array}{l}(\uparrow(\downarrow\text{PCASE}))=\downarrow \\ \downarrow\varepsilon(\uparrow\text{ADJUNCTS})\end{array}\right\}}{PP^*}$$

Über den Aufbau der F-Struktur der Adjunkte kann solange nichts gesagt werden, wie die Behandlung der Präposition nicht geklärt ist. Wir kommen in Abschnitt 3 auf diesen Punkt zurück.

3. Kommentare und Präzisierungsvorschläge

3.1. Die Zuordnung von thematischen Rollen und Präpositionen

Wie bereits gesagt, kann ein gegebenes obliques Objekt wahlweise anhand der Präposition oder anhand der thematischen Rolle, die es verwirklicht, spezifiziert werden. Die hierfür vorausgesetzte Zuordnung zwischen Präposition und thematischer Rolle besteht aber in vielen Fällen nicht. So ist es z.B. sehr fraglich, ob man der durch à markierten Präpositionalphrase in (13) und (14) dieselbe thematische Rolle zuweisen sollte:

(13) Je vais à la poste
(14) Il ressemble beaucoup à son frère

Das gleiche gilt für de in (15) und (16):

(15) Cela dépend de vous
(16) Il ne s'agit pas de cela

Ferner gibt es Verben, deren lexikalische Form für ein obliques Objekt eine ganz bestimmte Präposition erfordert, z.B. ressembler, das à haben muß (nicht aber z.B. avec), und andere Verben, bei denen die lexikalische Form lediglich die thematische Rolle festlegt, die Wahl der Präposition im Einzelnen aber offen läßt, z.B. mettre, dessen obliques Objekt die thematische Rolle 'Ziel' hat, aber verschiedene Präpositionen (dans, derrière, sur, usw.) zuläßt. Diesen beiden Tatsachen kann man auf natürliche Weise Rechnung tragen, indem man die Spezifizierung des obliquen Objekts wie folgt handhabt:

- Legt die lexikalische Form eines Verbs eine bestimmte Präposition fest, so wird dies dadurch ausgedrückt, daß der OBL durch diese Präposition (genauer: durch ein mit ihr formgleiches Element) spezifiziert ist. So würde die lexikalische Form für ressembler lauten:

  (17) ressembler V, PRED 'RESSEMBLER <(SUBJ)(A-OBL)>'

- Legt die lexikalische Form eines Verbs nicht eine bestimmte Präposition, sondern nur eine thematische Rolle fest, die durch verschiedene Präpositionen realisiert werden kann, so wird das entsprechende oblique Objekt anhand der thematischen Rolle spezifiziert. So würde die lexikalische Form für mettre lauten:

  (18) mettre V, PRED 'METTRE <(SUBJ)(OBJ)(OBL_{GOAL})>'

3.2. Semantisch interpretierbare Präpositionen in obliquen Objekten

Die Behandlung der obliquen Objekte in BRESNAN (1982) geht offenbar davon aus, daß lexikalisch interpretierbare Präpositionen nur in Adjunkten, nicht aber in obliquen Objekten vorkommen. Dies ist aber offensichtlich falsch: bei den Verben der Ortsveränderung (z.B. aller) und des Transports (z.B. mettre) haben wir Präpositionalphrasen, die alle Eigenschaften von Objekten haben. So sind manche Sätze ohne Präpositionalphrase ungrammatisch (z.B. (19)), und die Präpositionalphrasen lassen sich nicht an den Anfang des Satzes stellen (z.B. (20)):

(19) *je vais

(20) *A la poste, je vais vs.
A la poste, j'ai acheté des timbres

Die mit solchen Objekten auftretenden Verben lassen aber andererseits jeweils verschiedene, nicht synonyme Präpositionen zu.

Diese Tatsache kann man unschwer erfassen, wenn man diese Präpositionen ähnlich behandelt wie Verben: man schreibt in ihren Lexikoneintrag ein Symbol, das ein Prädikat ist, und man fügt eine lexikalische Form hinzu. Diese braucht allerdings nur das Vorhandensein eines Arguments zu fordern, ohne dieses hinsichtlich einer grammatischen Funktion zu spezifizieren. Der Eintrag für *dans* würde dann lauten:

(21) *dans* P, PRED 'DANS<(ARGUMENT)>'

Allerdings müßte, wie bei jeder Präposition, noch eine PCASE-Gleichung hinzugefügt werden. Diese muß alternativ die Werte GOAL (für die genannten Bewegungsverben) oder LOC (für Verben der Befindlichkeit, wie *se trouver*, *se tenir*) haben. Der volle Eintrag wäre dann

(21') *dans* P, PRED 'DANS<(ARGUMENT)>'

$$(\uparrow \text{PCASE}) = \left\{\begin{array}{l} \text{GOAL} \\ \text{LOC} \end{array}\right\}$$

Die F-Struktur würde, wie schon erläutert, aus dem Wert der PCASE-Gleichung die Information darüber erhalten, um welchen Untertyp eines obliquen Objekts es sich handelt. Sie würde außerdem die lexikalische Form der Präposition und die funktionale Struktur der NP als Argument der Präposition enthalten. Am Beispiel von *aller dans le parc* ergäbe sich die folgende F-Struktur:

(22)

$$\left[\begin{array}{ll} \ldots & \\ \text{PRED} & \text{'ALLER<(SUBJ) (OBL}_{\text{GOAL}}\text{)>'} \\ \text{OBL}_{\text{GOAL}} & \left[\begin{array}{ll} \text{PRED} & \text{'DANS<(ARGUMENT)>'} \\ \text{ARGUMENT} & \left[\begin{array}{ll} \text{NUM} & \text{SG} \\ \text{SPEC} & \text{DEF} \\ \text{GEND} & \text{MASC} \\ \text{PRED} & \text{'PARC'} \end{array}\right] \end{array}\right] \end{array}\right]$$

3.3. Die innere Struktur von Adjunkten

Adjunkte können nun analog behandelt werden: das lexikalische Prädikat, das der Lexikoneintrag der Präposition zuordnet, erscheint als Wert von ADJUNCTS[7], und der funktionale Gehalt der NP ist wiederum der Wert von ARGUMENT. Als Beispiel sei die F-Struktur von *jouer dans le parc* gegeben:

```
(23) [ ...                                                   ]
     [ PRED      'JOUER<(SUBJ)>'                             ]
     [ ADJUNCTS  [ PRED      'DANS<(ARGUMENT)>'            ] ]
     [           [ ARGUMENT  [ NUM   SG      ]             ] ]
     [           [           [ SPEC  DEF     ]             ] ]
     [           [           [ GEND  MASC    ]             ] ]
     [           [           [ PRED  'PARC'  ]             ] ]
```

Nicht diskutieren kann ich hier solche Fälle, in denen der Präposition eines Adjunkts kein interpretierbares Prädikat zugeordnet werden darf, wie in *à tout prix*, *de son propre gré* usw. In einigen dieser Fälle wird man sicher die ganze Präpositionalphrase unanalysiert als komplexes Adverb ins Lexikon eintragen, aber in anderen Fällen scheint die Präposition eine Art grammatische Bedeutung zu haben (vgl. z.B. *trembler* {*de froid*, *de peur*, *d'épuisement*}).

3.4. Die Beziehung von Adjunkten zum verbalen Prädikat

Wie bereits gesagt, sind Adjunkte per definitionem vom verbalen Prädikat funktional unabhängig. Dies bedeutet jedoch nicht, daß sie hinsichtlich ihres Auftretens und ihrer Deutung *in jeder Hinsicht* vom Verb unabhängig wären: offensichtlich begründet die lexikalische Bedeutung semantische Kompatibilitätsbedingungen zwischen Adjunkt und Verb. Diese lassen sich, wie es z.B. RITZKE (1981) vorgeschlagen hat, über semantische Merkmale (oder entsprechende Klassifikationen) der Verben und der in den Präpositionalphrasen enthaltenen Nomina darstellen. Allerdings ist dies für das LFG-Format noch nicht konkret ausgearbeitet.

Ein besonderes Problem des Französischen (und entsprechend auch in anderen romanischen Sprachen) bieten Präpositionalphrasen, die topikalisiert am Satzanfang stehen und durch ein Pronomen wiederaufgenommen werden, das seinerseits ein obliques Objekt ist; s. hierzu 4.3.

4. Einige französische Beispiele

Zum Schluß dieses Beitrags sollen einige französische Beispiele diskutiert werden, die für eine Analyse der Präpositionalphrasen notorisch Schwierigkeiten machen.

4.1. *Prendre du pain dans un panier*

Bekanntlich steht im Französischen bei einigen Verben (*prendre*, *manger*, *boire*, *citer*) in der Präpositionalphrase die Präposition *dans*, während andere Sprachen eine Präposition haben, die die Herkunft bezeichnet (dt. *aus*, engl. *from*). Für die Darstellung in LFG ist zunächst zu klären, ob es sich um ein obliques Objekt oder um ein Adjunkt handelt. Es ist eindeutig das erstere der Fall: die Präposition wird vom Verb festgelegt; bei anderen Verben steht nämlich die (von ihrer Bedeutung her näherliegende) Präposition *de* (*enlever de*, *ôter de*, *tirer de*, *extraire de*).

Die zweite Frage ist, ob *dans* hier ein interpretierbares Prädikat hat, d.h. ob die F-Struktur auf der Basis des Lexikoneintrags (21') errechnet werden kann. Die Antwort ist zunächst negativ: *dans* bedeutet hier nicht dasselbe wie dort, obwohl eine klare Bedeutungsbeziehung besteht: während in '*x dans y*' x zur Referenzzeit in y eingeschlossen sein muß, ist in '*prendre x dans y*' x vor Beginn des bezeichneten Vorgangs, nicht aber zur eigentlichen Referenzzeit in y. Man könnte daher daran denken, einen zweiten Lexikoneintrag für *dans* vorzusehen, bei dem diese Präposition ebenfalls semantisch interpretiert wird, aber anders als in (21'), also etwa

(24) *dans* P, PRED 'AUS ...'
...

Es wäre dann jedoch noch nicht ausgedrückt, daß dieses *dans* nur bei bestimmten Verben steht, bei anderen aber ausgeschlossen ist. Deshalb könnte man daran denken, die Verhältnisse so darzustellen, daß man einen zweiten Eintrag für *dans* gibt, in dem diese Präposition keine lexikalische Bedeutung hat, also

(25) *dans* P, (↑PCASE)=DANS

und daß man für *prendre* (und entsprechend für *manger*, *boire* usw.) eine lexikalische Form angibt, die ein durch *dans* eingeleitetes obliques Objekt verlangt, also

(26) *prendre* V, PRED 'PRENDRE<(SUBJ)(OBJ)(DANS-OBL)>'

(Daß der DANS-OBL die thematische Rolle 'Herkunft' hat, würde dann eben nicht in der F-Struktur ausgedrückt: diese Information bliebe der semantischen Interpretation überlassen.) - Bei tirer hingegen sähe eine der lexikalischen Formen vor, daß ein OBL_{SOURCE} vorhanden sein muß. Gegen diese Lösung spricht jedoch, daß dans nicht die einzige Präposition ist, die nach prendre in einem die 'Herkunft' angebenden obliquen Objekt stehen kann; vgl. z.B.:

(27) J'ai pris ce livre sur l'étagère

Daher bleibt nichts anderes übrig, als analog zu verfahren wie beim Ziel-Obliquus von mettre, d.h. es muß ein Lexikoneintrag geschrieben werden, der die Präposition des dritten Arguments von prendre nicht vollkommen festlegt, also etwa:

(28) prendre V 'PRENDRE <(SUBJ)(OBJ)(OBL)>'

Nun bleibt allerdings die Frage, welches der Untertyp des obliquen Objekts in (28) ist. Die thematische Rolle des entsprechenden Arguments ist unbestreitbar die der 'Herkunft'. Mit dieser thematischen Rolle ist aber, wie es bis jetzt schien, der Herkunfts-Obliquus (OBL_{SOURCE}) fest verbunden, und dieser wiederum wird, wie wir bei den Verben des Typs tirer, extraire usw. gesehen haben, typischerweise mit der Präposition de realisiert. Zwar kann der Herkunfts-Obliquus bei manchen Verben auch mit à realisiert werden (arracher, voler und auch prendre q.c. à q.u.), aber hier ist das dritte Argument gleichzeitig Patiens[8]. Weiterhin unterscheiden diejenigen Verben, die sowohl einen Herkunfts-Obliquus als auch einen Ziel-Obliquus haben können, diese beiden grammatischen Funktionen eben gerade dadurch, daß die 'Herkunft' mit de und das 'Ziel' mit einer der übrigen Lokalpräpositionen bezeichnet wird; vgl. z.B.

(29) Tu viens de ton bureau vs.
Tu viens dans ton bureau

Daher möchte man nicht gern festlegen, daß der Herkunfts-Obliquus sowohl mit de als auch mit dans, sur usw. bezeichnet werden kann. Und die pronominalen Verhältnisse geben Argumente in der gleichen Richtung: die 'Herkunft' wird mit en bzw. d'où bezeichnet; prendre verlangt aber y und où, die Pronomina von 'Ziel' und 'Befindlichkeit':

(30) Voici l'armoire: tu peux {y / *en} prendre ce qui tu voudras

(31) Voici l'armoire {où / *d'où} j'ai pris la chemise

Syntaktisch hat somit prendre alle Eigenschaften eines Verbs der Befindlichkeit, und wir müssen sagen: das dritte Argument von prendre ist semantisch in der thematischen Rolle 'Herkunft', aber die grammatische Funktion dieses Arguments ist die eines Obliquus der Befindlichkeit (OBL_{LOC}). Der Eintrag muß daher lauten:

(28') prendre V 'PRENDRE <(SUBJ)(OBJ)(OBL_{LOC})>'

Es ist nun Sache der semantischen Komponente des Lexikons anzugeben, daß das dritte Argument von prendre (im Widerspruch zu seiner grammatischen Funktion) in der thematischen Rolle 'Herkunft' ist und daß die durch die Präposition (z.B. dans) bezeichnete lokale Relation diejenige ist, die das bewegte Objekt zu Beginn der mit prendre bezeichneten Handlung hat.

Mit dieser Lösung haben wir gleichzeitig einen Punkt geklärt, der das Verhältnis von (zur semantischen Komponente gehörigen) thematischen Rollen und (zur Syntax gehörigen) obliquen Objekten betrifft: in einer konkreten Sprachbeschreibung ist die Festlegung von obliquen Objekten z.T. durch die thematischen Rollen motiviert; sie ergibt sich aber nicht automatisch aus der thematischen Rolle. Für die Theorie heißt es, daß die semantische Komponente die Information über die thematische Rolle eines Arguments nicht unbesehen aus der Bezeichnung des ihm zugeordneten obliquen Objekts entnehmen kann: viele, aber nicht alle Herkunfts-Obliquen bezeichnen eine Herkunfts-Relation.

4.2. Dans la rue vs. sur la route

Bekanntlich heißt es auf Französisch marcher dans la rue, aber marcher sur la route. Dieses Phänomen läßt sich mit den Mitteln der LFG nicht als etwas in den Bereich der Syntax Gehöriges erfassen, und zwar deshalb, weil für Nomina keinerlei Regeln vorgesehen sind, die bestimmte Präpositionen als mit ihnen kompatibel auszeichnen. Die Wohlgeformtheitsprinzipien, die diese Beziehungen betreffen, müssen daher der Semantik (und vielleicht der Diskurspragmatik) überlassen werden. Die Syntax wird also auch marcher sur la rue und marcher dans la route zulassen, genau so wie sie nicht ausschließen kann z.B. marcher au-dessous de la route, oder marcher derrière la rue. (Diese Syntagmen sind übrigens zwar seltsam, aber mit einiger Anstrengung lassen sich Situationen finden, in bezug auf die sie sinnvoll zu interpretieren sind.) Die Präferenz für dans bei rue und sur bei route läßt sich etwa so erfassen: Die lokalen Präpositionen setzen aufgrund ihrer Semantik voraus, daß die Objekte, die ihre Argumente sind, bestimmte geometrische Formen haben. So verlangt dans ein einschließendes Objekt, sur ein Objekt, das ein anderes Objekt tragen kann, usw. Viele Objekte können in unterschiedlicher Weise als geometrische Formen gedeutet werden. So kann etwa ein Haus sowohl ein einschliessendes (dans la maison) als auch ein tragendes Objekt sein (sur la maison). In manchen Fällen ist jedoch eine geometrische Form für ein bestimmtes Objekt konventionell als primär festgelegt. So gilt für frz. rue, daß die Deutung als einschließende Form primär ist (rue ist ja die durch Häuserreihen begrenzte Stadtstraße), während dies für dt. Straße nicht gilt: Straße wird wie route primär als tragendes Objekt gedeutet[9]. - Doch damit sind wir schon weit von den syntaktischen Problemen entfernt, die uns hier beschäftigen.

4.3. "Topikalisierte" Präpositionalphrasen

Betrachten wir schließlich Sätze des Typs:

(32) A la gare, je n'y vais jamais

Die Präpositionalphrase à la gare ist in der LFG ein Adjunkt, das, anders als in einer transformationellen Analyse, durch eine kontextfreie Regel erzeugt ist. Diese Regel hat etwa die folgende Form:

(33) S $\rightarrow$ PP NP VP
$\downarrow \in (\uparrow \text{ADJUNCTS})$

Nun besteht offensichtlich eine enge Beziehung dieser Präpositionalphrase zum Verb: in gewissem Sinne erfüllt à la gare die Valenz von je vais, und dementsprechend hat diese Präpositionalphrase anscheinend die thematische Rolle 'Ziel'. Wie läßt sich diese Beziehung nun darstellen? Auf funktioneller Ebene kann ja das Verb nichts über die Adjunkte festlegen. Rein semantisch ist aber die Beziehung (anders als in den oben in 3.4. angedeuteten Fällen) anscheinend auch nicht. Eine Lösung dürfte in den folgenden Annahmen liegen:

i. Die Valenz des Verbs wird nicht durch die topikalisierte Präpositionalphrase, sondern durch das klitische Pronomen erfüllt: dieses realisiert die grammatische Funktion 'Ziel-Obliquus', der hier die thematische Rolle 'Ziel' entspricht.

ii. y ist ganz normal als anaphorisches Pronomen gebraucht. Die Beziehung zwischen y und à la gare ist dementsprechend die der Anapher, d.h. à la gare wird als Antezedens von y gedeutet.

Die Regeln, die für die Ermittlung des Antezedens gelten, sind z.T. semantisch-pragmatisch: das Antezedens muß einen Gegenstand bezeichnen, der in sinnvoller Weise an dem Sachverhalt 'ich gehe' als 'Zielort' beteiligt sein kann.

Es gibt aber auch syntaktische Regeln, die einen Rahmen für die Suche des Antezedens setzen. Zu diesen gehört für das Pronomen y, daß das Antezedens nicht im gleichen einfachen Satz steht und daß y, obwohl es semantisch gewissermaßen ein ganz vages präpositionsartiges Prädikat enthält (y bedeutet etwa PRÄDIKAT(PRO)), die Präposition des Antezedens nicht festlegt und daß umgekehrt eine ggf. beim Antezedens von y stehende Präposition keinen Einfluß darauf hat, wie die in y semantisch enthaltene vage Präposition präzisiert wird; vgl. die folgenden Sätze:

(34) Tu connais { ce musée? / *à ce musée? } Veux-tu qu'on y aille?

(35) Nous sommes devant le musée. Veux-tu qu'on y aille?
'à ce musée'
*'devant ce musée'

Diese Regel trifft aber für das topikalisierte Adjunkt nicht zu: y (und entsprechend übrigens auch andere klitische Pronomina) dürfen ihr Antezedens im selben Satz haben, wenn dieses als erster Knoten links unmittelbar von S dominiert ist. In diesem Falle präzisiert die Präposition auch das in y enthaltene vage Prädikat:

(36) Au bord du lac, j'y vais souvent
'au bord du lac'
*'dans le lac'

Mit diesen sehr allgemein gehaltenen Andeutungen müssen wir uns hier begnügen: es gibt m.W. noch keine Theorie der Anapher, die auf den F-Strukturen operieren könnte[10].

Anmerkungen

* Dieser Vortrag faßt bestimmte Ergebnisse zusammen, die in dem Teilprojekt "Kontrastive Textsemantik" des Sonderforschungsbereichs 99 in Konstanz erarbeitet wurden. Besonderen Dank schulde ich Marie-Theres Schepping, Barbara Zimmermann und Ede Zimmermann, die eine Grammatik für einen Ausschnitt des Französischen erstellt haben, die z.Zt. von Werner Frey (Stuttgart) getestet und als Parser implementiert wird.

Diese Grammatik ist in den Arbeitspapieren SCHEPPING (1984) und ZIMMERMANN (1984) dargestellt. - Dank schulde ich auch Wilfried Döpke für konstruktive Vorschläge zur Syntax der Präpositionalphrasen.

1 Dieses Programm wurde von Werner Frey und Uwe Reyle entwickelt.

2 Im folgenden beziehen sich Seitenangaben ohne Autorennamen auf BRESNAN (1982).

3 In dem oben genannten Projekt und in einem von Christian Rohrer (Stuttgart) geleiteten Projekt wird an einem System gearbeitet, das die F-Strukturen nicht unmittelbar interpretiert, sondern sie zunächst in Kampsche Diskurs-Repräsentationen überführt (s. KAMP (1975)).

4 Auf die Behandlung nicht konfigurational kodierter grammatischer Funktionen gehe ich hier nicht ein; s. dazu die Diskussion zum Malayalam in BRESNAN (1982:10).

5 In BRESNAN (1982:300) ist der genaue Name des Obliquus auch in der oberen der beiden Zeilen notiert; also

(9')	PP	oder	(10')	PP
	$(\uparrow \text{TO-OBL}) = \downarrow$			$(\uparrow \text{OBL}_{\text{GOAL}}) = \downarrow$
	$(\downarrow \text{PCASE}) = \text{TO}$			$(\downarrow \text{PCASE}) = \text{GOAL}$

Zur Darstellung des Prinzips erscheint mir jedoch die in (9) und (10) gewählte Notation klarer. (Die schließlich verwendete Notation ist ohnehin eine andere, nämlich die unter (7') angegebene.)

6 Einen Aspekt der Behandlung von Adjunkten behandelt auch FORD (1982). Ich kann hier auf diese Arbeit nicht eingehen, möchte aber doch andeuten, daß die dort vorgeschlagenen rein syntaktischen Entscheidungskriterien für die Disambiguisierung von Präpositionalphrasen meiner Auffassung nach die Phänomene, die beim Verstehen eines Textes beobachtbar sind, nur z.T. erklären können: offensichtlich spielen auch inhaltliche Faktoren eine Rolle.

7 Auf die technischen Einzelheiten des Aufbaus der F-Struktur gehe ich hier nicht ein. Jedenfalls kommt das der Präposition entsprechende Prädikat mit seiner lexikalischen Form auf analoge Weise in die F-Struktur, wie dies für die Verben geschieht.

8 In LFG ist es, anders als in Chomskys Rektions- und Bindungstheorie, nicht nötig anzunehmen, daß ein Argument nur eine thematische Rolle haben kann.

9 s. hierzu HERSKOVITS (1982) und HOTTENROTH (1984).

10 Eine Darstellung der Anapher im Rahmen der LFG ist nicht ohne weiteres möglich, wenn die F-Strukturen keinerlei Information über die lineare Anordnung im Text mehr enthalten, wie es offenbar im Sinne der Konzeption liegt. Man wird allerdings die lineare Abfolge auch brauchen, wenn man die Kongruenz des Partizip Perfekt mit dem Objekt erfassen will: Bekanntlich ist diese Kongruenz gefordert, wenn das Objekt (als Relativ- oder Personalpronomen) dem Partizip vorausgeht.

Literatur

BRESNAN, Joan (ed.), (1982): The Mental Representation of Grammatical Relations. Cambridge-London.

FORD, Marylin et al., (1982): A Competence-Based Theory of Syntactic Closure. In: BRESNAN (1982), 727-796.

HALVORSEN, Per-Kristian (1983): Semantics for Lexical-Functional Grammar. In: "Linguistic Inquiry" 14, 567-615.

HERSKOVITS, Annette (1982): Space and the Prepositions in English. Regularities and Irregularities in a Complex Domain. Ph.D. Diss. Stanford).

HOTTENROTH, Monika (1984): Verwendungstypen für Fr. dans und sur und à. Arbeitspapier SFB 99. Konstanz.

KAMP, Hans (1975): Two Theories about Adjectives. In: KEENAN, Edward L. (ed.), 1975: Formal Semantics of Natural Language. Cambridge. 123-155.

RITZKE, Johannes: Problèmes de l'analyse automatique des prépositions du français. In: SCHWARZE (1981: 139-157).

SCHEPPING, Marie-Theres (1984): Das Lexikon für einen Ausschnitt aus dem Französischen in LFG. Arbeitspapier SFB 99. Konstanz.

SCHWARZE, Christoph (ed.), (1981): Analyse des prépositions. IIIme Colloque franco-allemand de linguistique théorique du 2 au 4 février 1981 à Constance. Tübingen.

TESNIÈRE, Lucien (1959): Eléments de syntaxe structurale. Paris.

ZIMMERMANN, Barbara (1984): Syntaxregeln für einen Ausschnitt aus dem Französischen in LFG. Arbeitspapier SFB 99. Konstanz.

A GPS-GRAMMAR FOR GERMAN WORD ORDER

Graham Russell

Introduction

The order of constituents in modern German has for many years been one of the most popular subjects for discussion among generative linguists. This paper describes an approach to the problem which has been worked out within the framework of a current version of Generalized Phrase Structure Grammar as set out in GAZDAR et al. (in press). The reader should consult that work for a precise formal specification of the syntactic devices that will be employed and informally described below.

The scope of this paper must inevitably be restricted for reasons of space. Discussion will be limited to those aspects of constituent order connected with the position of the finite verb in clauses of various types. Interesting questions that will not be addressed here include the phenomenon of sentence and verb phrase extraposition ('Ausklammerung'), and the relative order of noun phrases.

The three basic types of sentence, verb-final, verb-initial, and verb-second, will be analysed. Treatments of essentially the same area using earlier versions of GPSG are to be found in USZKOREIT (1982) and RUSSELL (1983).

Preliminaries

Syntactic categories as envisaged in GPSG consist of sets of feature specifications; thus, the symbol NP indicating the category of noun phrase is a convenient way of referring to the set shown in (1):

(1) {[BAR 2], [+N], [-V]}

And a third person singular noun phrase can be indicated informally by the symbol NP[-PLU, PER 3], which is in turn a shorthand notation for the set shown in (2):

(2) {[BAR 2], [+N], [-V], [-PLU], [PER 3]}

The categories S and VP are distinguished not by phrasal level, as in other frameworks based on X-bar theory, but by their respective values for the feature SUBJ; S and VP are both [BAR 2], but S is [+SUBJ] (i.e. 'contains a subject') while VP is [-SUBJ]. See BORSLEY (1983) and GAZDAR et al. (in press) for the motivation for this unconventional assumption.

Most categories in syntactic rules are partially specified. That is to say that they resemble (1) above rather than (2). Rules expanding VP, for example, do not generally specify the morphological form of the head verb, for the good reason that such factors do not affect the internal structure of VP constituents. Yet categories in syntactic structures need to be fully specified. The mapping from rules to structures proceeds in accordance with a number of principles governing the permitted featural content of categories, necessary featural identity between adjacent categories, and linear order of sister categories.

Feature Cooccurrence Restrictions (FCRs) restrict free instantiation of categories. (3) prevents the instantiation of a VP as [+INV]:

(3) VP ⊃ [-INV]

Feature Specification Defaults (FSDs) are statements restricting instantiation in a slightly different way. Consider the FSD (4):

(4) FSD: [+INV]

FSD (4) will play a part in the analysis to be developed in this paper. It states that any category which may contain the specification [+INV] must do so. If some FCR, rule, or other instantiation principle is thereby violated, or if such an instantiation would lead to a conflict of values for some feature, then it must not. Given the FCR in (3), no VP can be freely instantiated as [+INV].

Featural identity between adjacent categories is determined by two principles, the Head Feature Convention (HFC) and the Foot Feature Principle (FFP). Only the former need concern us here. The HFC states that the values of members of a designated subset of features (HEAD) are to be instantiated identically on a mother and any head daughter. Once again, if such an instantiation leads to an ill-formed category, it will not take place. The head daughter in a syntactic rule is shown as H.

The syntactic rules employed here and in other work within current GPSG are Immediate Dominance (ID) rules. They represent only information regarding what category or categories are immediately dominated by a mother. Categories in structures must clearly be ordered with respect to each other. Linear Precedence statements such as (5) constrain the rule-to-structure mapping so as to give the necessary orderings.

(5) NP < VP

(5) disallows any structure in which NP appears to the right of a sister VP. It is important to remember that LP statements apply to sister categories only; on their own, they make no prediction about constituent order in the sentence as a whole.

Verb-final clauses

In non-finite verb-phrases, such as those indicated by the bracketing in (6), the verb is preceded by its complements:

(6) Hans will [das Buch lesen].

Hans will [[ein Buch zu schreiben] beginnen].

Those finite verb phrases which appear within subordinate clauses introduced by a complementizer also have this form. It is interesting to note that they follow the verb-final pattern when presenting a verb together with its complement.

Verbs are introduced as daughters of VP by ID rules like the ones shown in (7):

(7)	VP -->	H[SUBCAT 1], NP[ACC]	lesen,...
	VP -->	H[SUBCAT 2], NP[ACC], NP[DAT]	geben,...
	VP -->	H[SUBCAT 3], VP[INF]	versuchen,...

SUBCAT is a feature whose value is an integer. Its effect is to index each subcategory of verb to the environment in which it may appear. If the lexical entry of versuchen contains the specification [SUBCAT 3], it will only be permitted to appear as sister to an infinitive VP.

BAR is a member of HEAD (see the preceding section), and is therefore subject to the HFC. The FCR in (8) prevents the instantiation of H in (7) as VP (i.e. [BAR 2] like its mother):

(8) [SUBCAT] $\supset$ [BAR 0]

The presence in the grammar of (8) leads to the instantiation of the head daughters in (7), and of any other category assigning a value to SUBCAT, as zero-bar or lexical categories.

Verb-final clauses are introduced and expanded by the pair of ID rules in (9):

(9) S[COMP @] --> @, H[COMP NIL]

S[-INV] --> NP[NOM], H[-SUBJ]

@ in (9) represents a member of the set of complementizer-like lexical items including *als*, *da*, *dass*, *nachdem*, *ob*, *weil*, *wenn*, etc.

A FCR (10) expresses the generalization that all sentences introduced by complementizers have this form:

(10) [COMP] ⊃ [-INV]

The rules in (7), (8), and (9) allow us to generate verb-final clauses of the type exemplified in (11), assigning to them structures such as the one shown in (12):

(11) ..., dass Hans dieses Buch las.

..., als Hans seiner Freundin das Buch gab.

..., ob Hans zu fliegen versuchte.

(12)

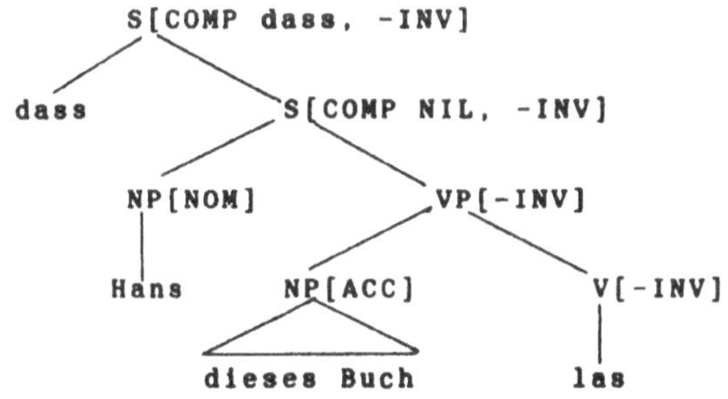

The structure in (12) will be familiar from the many descriptions of English which have assumed a binary branching, subject-predicate, structure, with complementizers in the leftward c-commanding position.

Compound Verbs

At this point, it will be helpful to digress briefly, in order to consider the behaviour of the class of separable compound verbs.

A typical example is *ankommen*:

(13) Hans kam endlich an.

Kam Hans an?

Hans ist angekommen.

..., dass Hans endlich ankam.

Hans hatte die Absicht, früh anzukommen.

Note that the stem and prefix occur together as a unit in just those cases that have been discussed so far; the perfect participle angekommen and infinitive anzukommen are heads of nonfinite verb phrases, and the past tensed ankam is head of a finite VP within a subordinate clause (cf. (12)). Compare the declarative main clause and question; in these cases the stem appears in the expected first or second position, while the prefix is isolated and appears in final position. There is thus a morphological alternation, conditioned by the syntactic environment of the compound verb. The separation takes place only when the verb is in first or second position. The grammar must make this information available to the lexicon or morphological rules. It will be claimed here that the morphological form of a separable compound verb depends on the feature INV; verbs with separated prefixes are [+INV], while others are [-INV]. The FCR (3) ensures that verbs within nonfinite verb phrases and finite verb phrases in subordinate clauses bear the specification [-INV]. This observation leads to a second claim, related to the first, but perhaps more controversial. FCR (3) states that all VPs are [-INV]; as INV is a member of HEAD, we would expect verbs which are the head of a VP to be [-INV] as well. But if that is so, then we must either abandon the idea of employing INV to control verb compounding, or envisage the possibility that not all verbs are in fact heads of verb phrases. We will choose the second option. The second claim is that there is no finite verb phrase in German verb-initial or verb-second clauses.

Verb-initial clauses

Consider the "yes/no" questions in (14):

(14) Las Hans dieses Buch?

Gab Hans das Buch seiner Freundin?

Versuchte Hans zu fliegen?

These examples differ in two relevant ways from the subordinate clauses of (11); here, the verb is the first constituent of the sentence, and the subject is placed between the verb and its complement.

The metarule in (15) provides ID rules expanding a sentential category into a flat structure in which subject, finite verb, and any complement to the verb are sisters.

(15) Inverted Sentence Metarule

VP --> W

==>

S[+INV] --> W, NP[NOM]

W here is a variable over multisets of categories (see GAZDAR et al. (in press, chapter 3)). The metarule expresses the regular relationship between VP ID rules like those of (7) and the inverted sentence ID rules of (16):

(16) S[+INV] --> H[SUBCAT 1], NP[NOM], NP[ACC]

S[+INV] --> H[SUBCAT 2], NP[NOM], NP[ACC], NP[DAT]

S[+INV] --> H[SUBCAT 3], NP[NOM], VP[INF]

Note that the mother category has the specification [+INV], that the subject NP is sister to the verb, and that there is correspondingly no finite verb phrase immediately dominating the head verb in structures resulting from these ID rules:

(17)

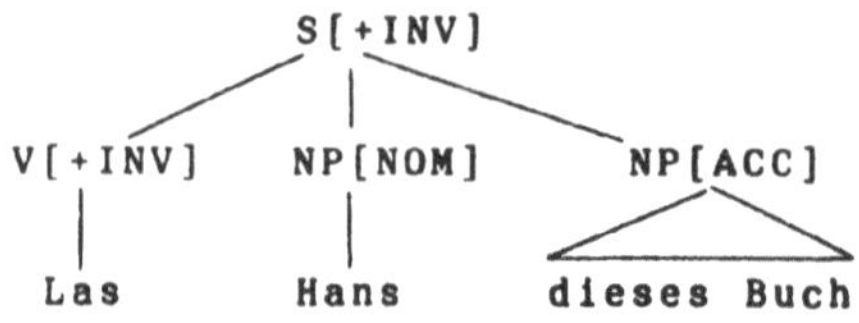

The HFC has led to instantiation of the head verb as [+INV], which is what is required if INV is to relate syntax and morphology as suggested in the preceding section. Subcategorization is not affected by the metarule; features not mentioned explicitly are assumed to remain unchanged, and so *lesen* still appears with a direct object rather than an infinitive verb phrase, and so on.

It is only finite verbs which can appear as the head of an inverted sentence; the FCR in (18) prevents instantiation of H in the rules of (16) as a nonfinite verb:

(18) [+INV] $\supset$ [+FIN]

"Inverted" sentences of this sort occur in English too, in interrogative and negative polarity constructions. The English variety must be headed by a tensed auxiliary verb; the same metarule can be used, and (18) replaced by a FCR mentioning the feature AUX.

A LP statement for the main construction types discussed here is shown in (19):

(19) V[+INV] < NP < VP, AP, PP, S < V[-INV]

The category V appears twice; when it has the specification [+INV] it is ordered to the left of other categories, and when it has the specification [-INV] it is ordered to the right of other categories. Among the Germanic languages, it is this double mention of V that gives rise to the verb-final order of some constructions in German and Dutch. Although English and Swedish, for example, also distinguish V[-INV] and V[+INV], the distinction is not relevant to considerations of linear precedence.

Verb-second clauses

We now come to the third clause type to be analysed by this grammar fragment. The so-called "V-2 constraint" is a well-known property of the (non-English) Germanic languages; the finite verb must be the second constituent of the sentence. It may be preceded by the subject; this is the pattern which most closely resembles the canonical English sentence, and which may give rise to falsely anglocentric analyses. But other major constituents may precede the verb, in which case the subject NP must then follow it. Examples are given in (20) below.

(20) Welches Buch las Hans?
Seiner Freundin gab Hans das Buch.
Hans versuchte zu fliegen.

Declarative main clauses introduced by constituents other than the subject are far more frequent in German than in English.

Inverted sentences having the flat structure described in the preceding section also play a part in these verb-second clauses. Consider the ID rule in (21):

(21) S --> X, H/X

It will be familiar from earlier work on unbounded dependencies in GPSG. It allows a S to dominate a category X and a head (here to be instantiated as S by the HFC) which contains a gap in a position where a category of the type of X would normally appear. The slash ("/") notation represents a feature specification; the distribution of SLASH in structures is controlled by feature.instantiation principles so as to provide an analysis of unbounded dependencies which essentially involves an unbounded sequence of local dependencies between mother and daughter categories. At the lower end of such a dependency chain, the SLASH feature specification is turned into a gap by the metarule shown in (22):

(22) Slash Termination Metarule

a --> W, b

==>

a/b --> W, b[+NULL]

The operation of this metarule is quite simple; an ID rule expanding a category a as a category b and other material W has a counterpart in which a/b dominates b[+NULL]. A category with this specification is an inaudible "trace", dominating a string with no phonetic realization. The effect of the slash termination metarule may be seen by comparing the ID rules in (16) above with those in (23):

(23) S[+INV]/NP[ACC]

--> H[SUBCAT 1], NP[NOM], NP[ACC, +NULL]

S[+INV]/NP[DAT]

--> H[SUBCAT 2], NP[NOM], NP[ACC], NP[DAT, +NULL]

S[+INV]/NP[NOM]

--> H[SUBCAT 3], NP[NOM, +NULL], VP[INF]

Each of the rules in (23) combines with an instantiation of the rule in (21) to assign structures of the sort shown in (24) to verb-second clauses:

(24)

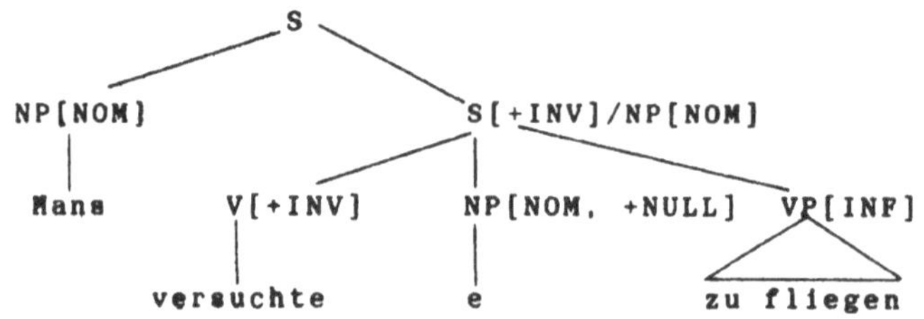

In (24), the category X of the ID rule introducing the unbounded dependency has been instantiated as NP[NOM], and there is a corresponding gap at the position of the subject in the inverted sentence. The other examples in (20) have the same general structure, differing in the "fronted" constituent and the contents of the sentence containing the gap.

X in (21) can only be instantiated as a single category. So only one constituent may appear in the "fronted" position. Since a V[+INV] must be the leftmost sister in any construction, it follows automatically that the verb appears in second position; there is no counterpart to the "V-2 constraint" under this analysis.

It may seem rather surprising to assume a structure as complex as (24) for a construction as apparently simple as a declarative main clause. But there are a number of advantages. The analysis permits us to maintain the generalization expressed by the FCR (3). If structures like (24) contained a finite VP, the feature INV would not be able to perform its dual function of determining linear precedence and controlling the morphology of separable compound verbs. The grammar must contain the ID rule in (21) in order to analyse verb-second clauses introduced by non-subject categories. If we wanted to prevent the assignment of structures like (24) to subject-initial clauses, we would have to prevent the instantiation of X in (21) as a nominative noun phrase. To achieve that, an additional statement would be needed in the grammar, clearly making it a less economical alternative.

Other verb-final clauses

Relative and interrogative complement clauses have the verb-final structure of subordinate clauses (cf. (12)). They also involve the SLASH dependencies argued for in connection with verb-second clauses. In (25) welches Buch and den are displaced from their normal object position.

(25) Heinrich wusste, welches Buch Hans gelesen hatte.

Der Mann, den wir erwartet hatten, kam endlich an.

The ID rules in (26) introduce relative clauses and embedded questions respectively:

(26) N1 --> H, S[WHMOR R]

VP --> H[SUBCAT 4], S[WHMOR Q] wissen,...

Q and R are alternate values for the feature encoding WH-MORphology.

In order to generate the grammatical examples of (11), (14), (20), and (25) while blocking generation of those in (27) below, two minor additions must be made to the devices introduced earlier.

(27) *Heinrich wusste, welches Buch hatte Hans gelesen.

*Der Mann, den hatten wir erwartet, kam endlich an.

One further FCR, shown in (28) below, with FCR (10) repeated for convenience, states that a sentential category containing a specification for WHMOR is to be instantiated as [-INV].

(28) S[WHMOR] ⊃ [-INV]

[COMP] ⊃ [-INV]

The embedded question in (27) would have the structure (29):

(29)

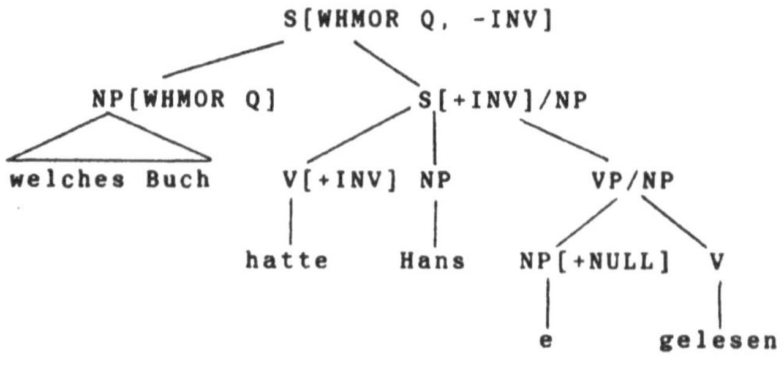

Instantiation of the ID rule (21) by the HFC enforces identity of the value for INV between mother and head daughter H. Yet in (29) the mother is [-INV] while the head is [+INV]. If the mother and head are instantiated in accordance with the HFC, the structure in (29) is not possible, and the examples of (27) are blocked by the FCRs in (28).

Finally, the FSD (4), repeated here as (30), will prevent the generation of verb-final main clauses such as (31):

(30) [+INV]

(31) *Hans zu fliegen versuchte.

For grammatical verb-final sentences, the FCRs in (3) and (28) provide a reason for being [-INV], but there is no reason for the S dominating (31) to be [-INV], and so the FSD is violated.

Summary

This paper has shown how the basic facts concerning aspects of German constituent order can be handled in terms of a restrictive grammatical framework. Such facts as the relation of complementizers to verb-final order, the "V-2 constraint" and apparent subject-verb inversion, and the sentence-final cluster of nonfinite verbs follow from this treatment. The feature INV performs three functions; it determines the linear order of verbs, it permits an account of the form of separable compound verbs in different environments, and it plays a part in ensuring the correct distribution of the three types of clause considered here. In addition to this, it is a well-motivated part of the grammar of English, where its absence from the LP statements leads to one of the most striking differences between the two languages, the lack of sentence-final verbs in English.

Literatur

BORSLEY, Robert D. "A Welsh agreement process and the status of VP and S". GAZDAR, Gerald / Klein, Ewan / PULLUM, Geoffrey (eds.) (1983): Order, Concord and Constituency. Dordrecht: Foris: 57-74.

GAZDAR, Gerald / KLEIN, Ewan / PULLUM, Geoffrey / SAG, Ivan (in press): Generalized Phrase Structure Grammar. Oxford: Blackwells.

RUSSELL, Graham "Compound verbs and constituent order in German". (unpublished)

USKOREIT, Hans "German Word Order in GPSG". FLICKINGER, Daniel / MACKEN, Marlys / WIEGAND, Nancy (eds.) (1982): Proceedings of the First West Coast Conference on Formal Linguistics. Stanford.

ID/LP-SYNTAXEN FÜR WORTSTELLUNG IM SPANISCHEN

Ursula Klenk

0. Einleitung

Im Spanischen zeichnet sich die Stellung der Hauptkonstituenten im Satz, wie Subjekt, finites Verb, Objekte und satzergänzende Adverbialphrasen, durch große Freiheit aus. Die Wahl der Position ist dabei u.a. vom Textzusammenhang und den Thema-Rhema-Strukturen abhängig, wie es Contreras (1976) aufgezeigt hat. Die Frage der Bedingungen, unter denen die eine oder andere Reihenfolge der Hauptkonstituenten gewählt wird, soll hier jedoch nicht erörtert werden. Im Folgenden geht es darum, eine formalisierte Syntax der vorkommenden Formen aufzustellen, wobei der im Rahmen der GPSG vorgeschlagene ID/LP-Ansatz diskutiert wird (vgl. GAZDAR /PULLUM 1982).

In Abschnitt 1. folgt auf der Grundlage spanischer Grammatiken (GILI Y GAYA 1961, LUZ GUTIERREZ 1978) und eigener Textuntersuchungen eine Beschreibung der möglichen Reihenfolgen der Hauptkonstituenten in spanischen Sätzen, in 2. einige Definitionen und Sätze zu ID/LP-Syntaxen, in 3. wird dieser Formalismus zusammen mit weiteren der GPSG auf die hier zu behandelnden Strukturen des Spanischen angewendet und eine Lösung für eine vollständige und korrekte Syntax dieser Strukturen angegeben, in 4. komme ich auf ein allgemeines Problem mit ID/LP-Syntaxen, das bereits in 3. anklingt, zu sprechen.

1. Zur Stellung der Hauptkonstituenten im Spanischen

Unter den Hauptkonstituenten eines Satzes verstehen wir hier das finite Verb und seine Aktanten (Subjekt, Objekte, obligatorische Adverbiale) sowie alle die Adverbiale, die nicht Teilkonstituente eines Aktanten sind. Wir wollen diese als satzergänzende Adverbiale bezeichnen (darunter fallen auch Nebensätze, Gerundien, Infinitiv- und Partizipialkonstruktionen mit adverbialem Sinn). D.h. die Hauptkonstituenten sind, aus der Tradition generativer Grammatik gesehen, die unmittelbaren Konstituenten des höchsten

S-Knotens außer VP sowie die des höchsten VP-Knotens.

In spanischen Sätzen, die keine verbundenen Personalpronomen als Objekte enthalten, sind in Bezug auf die Hauptkonstituenten fast alle theoretisch möglichen Reihenfolgen zulässig. Nur einige wenige werden als ungewöhnlich angesehen. Dies ist in Bezug auf den Sprachtypus bemerkenswert, da es außer bei den Personalpronomen keine morphologisch differenzierten Kasus gibt. Eine Unterscheidung von Aktantenrollen erfolgt ausdrucksmäßig im wesentlichen durch Präpositionen, wobei auch das direkte Objekt durch eine Präposition (a) markiert werden kann.

Eine Beschreibung im ID/LP-Formalismus würde keine Schwierigkeit machen, wenn alle Reihenfolgen vorkämen. Das Problem liegt im Ausschluß der wenigen nicht-vorkommenden Reihenfolgen. "Negative Regeln" der Art "es sind alle Kombinationen möglich außer ..." sind in gängigen formalen Syntaxen nicht üblich, ganz abgesehen davon, daß für solche Regeln festzulegen wäre, wie sie bei Generierung und Analyse von Sätzen arbeiten sollen.

Im Folgenden wird ein Überblick über die zulässigen Reihenfolgen der Hauptkonstituenten gegeben. Der Untersuchungsbereich wird auf nicht-koordinierte Aussagesätze des Schriftspanischen beschränkt. Da wir bei Fragesätzen jedoch eine genauso freie Wortstellung finden mit prinzipiell denselben Reihenfolgen, wirkt sich diese Eingrenzung in Hinblick auf eine Gesamtsyntax des Spanischen nicht allzu sehr aus. Das wesentliche Unterscheidungsmerkmal zwischen Aussage- und Fragesätzen ist die Intonation. Man vgl.

(1) Vino María. / María vino.
"Maria kam."
¿Vino María? / ¿María vino?
"Kam Maria?"

Die folgende Synopse lehnt sich eng an GILI Y GAYA (1961) an, dessen Darstellung, obwohl nicht exhaustiv, den Vorteil hat, die Fülle von Formen in übersichtlicher Weise zu ordnen.

1.1. Sätze ohne satzbestimmende Adverbiale

1.1.1. Sätze mit Oberflächensubjekt; die Objekte sind keine verbundenen Personalpronomen

1.1.1. Sätze mit Oberflächensubjekt; die Objekte sind keine verbundenen Personalpronomen

1.1.1.1. 2-gliedrige Sätze bestehend aus Subjekts-NP und finitem Verb (V). Vgl. Beispiel (1). Mögliche Reihenfolgen: NP V
V NP

1.1.1.2. 3-gliedrige Sätze bestehend aus Subjekts-NP, Kopula-Verb (KOP) und einer prädikativen Ergänzung (PRÄD), wobei PRÄD syntaktisch verschieden gestaltet sein kann (Adjektiv, Adverb, Nominalphrase usw.). Vgl.

(2)	La mañana era hermosa.	NP KOP PRÄD [1]
	"Der Morgen war schön."	
	Hermosa era la mañana.	PRÄD KOP NP
	Era hermosa la mañana.	KOP PRÄD NP
	Era la mañana hermosa.	KOP NP PRÄD

Ausgeschlossen sind PRÄD NP KOP und NP PRÄD KOP .

1.1.1.3. 3-gliedrige Sätze bestehend aus Subjekts-NP, finitem Verb und Objekt, welches als Nominalphrase oder Präpositionalphrase (PP) auftritt. Vgl.

(3)	Mi padre compró una casa.	NP_{SU} V NP_O [1]
	"Mein Vater kaufte ein Haus."	
	Compró mi padre una casa.	V NP_{SU} NP_O
	Compró una casa mi padre.	V NP_O NP_{SU}
	Una casa compró mi padre.	NP_O V NP_{SU}

Die Reihenfolgen NP_{SU} NP_O V und NP_O NP_{SU} V sind ausgeschlossen. Dieselben Strukturen finden sich auch mit einem Präpositionalobjekt anstelle NP_O . Einschränkung: Das Objekt kann nur vor dem Subjekt stehen, wenn ausdrucksmäßig oder auf Grund des Bedeutungszusammenhangs (besonders der Verbsemantik) die Rolle der Aktanten eindeutig erkannt werden kann, andernfalls steht das Subjekt vor dem Objekt. So finden wir in einem Zeitungstext

(4) Llama la atención la falta de recursos financieros que se anuncian para la realización del proyecto.
"Das Fehlen finanzieller Mittel, die für die Realisierung des Projekts benötigt werden, erregt die Aufmerksamkeit."

wo <u>la atención</u> nur als Objekt zu <u>llama</u> verstanden werden kann.

Wird das Objekt vor das Verb gestellt, wird es gern durch ein eingeschobenes Personalpronomen wiederholt, vgl.

(5) Una casa la compró mi padre. NP_O PER_O V NP_{SU}

In diesem Fall gilt die obige Einschränkung nicht.

Die freie Stellung im Satz wird begünstigt durch den sog. persönlichen Akkusativ, die Erscheinung, daß definite direkte Objekte die Personen bezeichnen, regelmäßig mit der Präposition a gebraucht werden, somit oberflächenstrukturell PP sind. Vgl.

(6) María ve el coche. NP_{SU} V NP_O
"Maria sieht das Auto."
María ve a Juan. NP_{SU} V PP_O
"Maria sieht Juan."

1.1.1.4. 4-gliedrige Sätze bestehend aus Subjekt, finitem Verb und 2 Objekten. Beispiel:

(7) El muchacho dio una carta a la mujer. NP_{SU} V NP_O PP_O
"Der Junge gab der Frau einen Brief."

Das Verb kann bei diesen Sätzen an erster oder zweiter Position stehen, wobei für die übrigen Konstituenten sämtliche Reihenfolgen zulässig sind. Ungewöhnlich ist mehr als ein Aktant vor dem Verb. Für die Voranstellung eines Objekts vor das Subjekt gilt dieselbe Einschränkung wie bei 1.1.1.3.

1.1.2. Sätze ohne Oberflächensubjekt; auftretende Objekte sind keine verbundenen Personalpronomen

Die Formen ergeben sich durch Streichung von NP_O in den unter 1.1.1. aufgeführten Strukturen mit der Einschränkung, daß ein Objekt nur dann vor dem Verb stehen kann, wenn es auf Grund des Ausdrucks oder der Bedeutung nicht das Subjekt des Satzes sein kann. Auch hier besteht die Möglichkeit der Wiederaufnahme durch ein Personalpronomen. Vgl.

(8) Eso dijo. / Eso lo dijo. $NP_O(PER_O)$ V
"Er (sie) sagte dies."

1.1.3. Sätze mit verbundenen Objekts-Personalpronomen

Die verbundenen (d.h. nicht mit einer Präposition stehenden) Objekts-Personalpronomen stehen nächst dem Verb und bilden mit diesem und evtl. auftretenden Reflexivpronomen und Negationspartikeln eine zusammenhängende syntaktische Gruppe, die hier "engerer Verbalkomplex" heißen soll. Diese Pronomen werden zumeist dem finiten Verb vorangesetzt. Fälle, in denen sie nachgestellt sind, kommen aber auch vor. Innerhalb des engeren Verbalkomplexes ist die Abfolge der Konstituenten streng festgelegt. Man vergleiche z.B.

(9) María me lo dijo.
"Maria sagte es mir."

wohingegen María lo me dijo unkorrekt ist. Die möglichen Reihenfolgen wurden von Perlmutter (1969) im Rahmen der generativen Transformationsgrammatik beschrieben. Da dies ein eigens zu behandelndes Gebiet mit spezifischer Problematik ist, werde ich im Folgenden auf diese Strukturen nicht eingehen. Angemerkt sei noch, daß das eingeschobene Pronomen in Fällen wie (5) syntaktisch zum engeren Verbalkomplex zu rechnen ist. Dies erhellt daraus, daß es bei mehreren Pronomen bzw. Partikeln an die übliche Stelle im engeren Verbalkomplex tritt. Vgl.

(10) Eso lo dijo. / Eso me lo dijo. "Er/sie sagte dies mir."

1.2. Sätze mit Adverbialen

Die unter 1.1. angegeben Reihenfolgen für Subjekt, finites Verb und Objekte gelten auch hier. Satzergänzende Adverbiale können überall dazwischen sowie am Anfang oder am Ende eines Satzes auftreten mit der einzigen Ausnahme, daß sie nicht im engeren Verbalkomplex stehen. Dabei können auch mehrere Adverbiale direkt hintereinander vorkommen. Zur Illustration hier zwei Beispiele aus Zeitungsberichten:

(11) Perfectamente centrada sobre nuestra península / sigue apareciendo / en el mapa del tiempo previsto para hoy por el Instituto Nacional de Meteorología / la borrasca que originó un tiempo revuelto sobre España los dos últimos días.[2]
Satzstruktur: PRÄD KOP AV_{lok} NP_{SU}

(12) Continúa / sin entrar definitivamente sobre la Península un frente frío de procedencia atlántica, / predominando todavía sobre nuestro país las altas presiones.[3]
Satzstruktur: V $INFK_{adv}$ NP_{SU} GER(undium)

Man beachte auch die Struktur des Gerundiums in (12): V AV_{tem} AV_{lok} NP_{SU}.

Zur Anzahl satzergänzender Adverbiale in spanischen Sätzen läßt sich eine bemerkenswerte Feststellung machen. Theoretisch ist es möglich, einen Satz mit so vielen Adverbialen verschiedener Subklasse zu bilden, wie miteinander inhaltlich kompatibel sind. Auch Sätze mit 2 Adverbialen derselben Subklasse (etwa 2 temporalen oder 2 lokalen) werden angetroffen. Nimmt man jedoch Texte als Ausgangsbasis, so beobachtet man, daß Sätze mit mehr als 7 Hauptkonstituenten außerordentlich selten sind. Bei einer Untersuchung von Zeitungstexten von insgesamt 132 Sätzen (was mehreren Seiten entspricht) fand ich keinen solchen Satz und nur 2 mit 7 Hauptkonstituenten. Luz Gutiérrez (1978) zählt in einem Korpus von 1014 Sätzen (2 essayistische Prosatexte verschiedener Autoren) nur 1 7-gliedrigen und 1 9-gliedrigen Satz und keinen Satz mit noch mehr Hauptkonstituenten. Die Untersuchungen zeigen weiterhin, daß bis zu 5 satzergänzende Adverbiale in einem Satz vorkommen, dabei bis zu 3 vor dem finiten Verb. Für eine praktikable Syntax ist es durchaus erwägenswert, dieses empirische Ergebnis in Betracht zu ziehen.

Es ist ohne weiteres ersichtlich, daß es eine kontextfreie Syntax gibt, die alle in dieser Synopse erfaßten Strukturen erzeugt. Nicht so einfach ist es jedoch, für die recht vielen Kombinationsmöglichkeiten ein überschaubares kontextfreies Regelsystem zu finden. Innerhalb der GPSG wurde versucht, Sprachen mit freier Wortstellung durch ID/LP-Syntaxen zu beschreiben (vgl. G.Russells Aufsatz in diesem Band und USZKOREIT 1982 für das Deutsche). Diese können als Metasyntaxen zu kontextfreien Syntaxen angesehen werden. Ihr Vorteil liegt darin, daß kontextfreie Regelsysteme in einer Weise notationell komprimiert werden, daß generelle Strukturen - besonders bzgl. der Reihenfolge von Konstituenten - gut sichtbar gemacht werden können. Es ist somit naheliegend, zu versuchen, den ID/LP-Ansatz auch auf das Spanische anzuwenden.

2. ID/LP-Syntaxen

In ID/LP-Grammatiken werden syntaktische und semantische Strukturen parallel erzeugt. Da ich mich nur auf den syntaktischen Teil beziehe, spreche ich hier in Bezug darauf von ID/LP-Syntaxen. Zunächst einige Definitionen:

<u>Definition 1</u> (ID/LP-Syntax): Eine ID/LP-Syntax ist ein 5-Tupel (VN,VT,ID,LP,S). VN und VT sind Vokabulare, es gilt $VN \cap VT = \emptyset$. VN heißt Nicht-Endvokabular, VT Endvokabular. S ist ein ausgezeichnetes Symbol aus VN, das Startsymbol. ID ist eine endliche nicht-leere Menge von Paaren der Form $(A, \langle A_1,\ldots,A_n \rangle)$ mit $n > 0$ oder $(A, \langle\,\rangle)$ mit $A \in VN$ und $A_i \in VN \cup VT$ für jedes i $(1 \leq i \leq n)$.[4] Jedes solche Paar heißt D i r e k t e - D o m i n a n z - R e g e l (kurz: ID-Regel, von engl. immediate dominance rule). Statt der Paarschreibweise notieren wir auch

$$A \Rightarrow \langle A_1,\ldots,A_n\rangle \text{ bzw. } A \Rightarrow \langle\,\rangle$$ [5]

Die Regeln der Form $A \Rightarrow \langle\,\rangle$ heißen Tilgungsregeln. LP ist eine endliche, evtl. leere Menge von Paaren (A,B) mit $A,B \in VN \cup VT$, wobei falls $(A,B) \in LP$, $(B,A) \notin LP$ (d.h. es liegt eine asymmetrische Relation vor, und es gilt $A \neq B$). Jedes solche Paar heißt L i n e a r e - P r ä z e d e n z - R e g e l (kurz LP-Regel). Wir notieren dafür auch $A < B$.

Erklärung: Die Relation "$\Rightarrow$" steht für "dominiert direkt". $A \Rightarrow \langle A_1,\ldots,A_n\rangle$ ist zu interpretieren als "A hat als unmittelbare Konstituenten A_1 und ... und A_n, wobei für die A_i jede Reihenfolge erlaubt ist". $A \Rightarrow \langle\,\rangle$ bedeutet "A hat keine Konstituente". $A < B$ bedeutet "falls A und B zusammen auf der rechten Seite einer ID-Regel auftreten, werden die Reihenfolgen der Symbol-Vorkommen dieser rechten Regelseite dahin beschränkt, daß jedes A-Vorkommen vor jedem B-Vorkommen steht".

<u>Definition 2</u> (die von einer ID/LP-Syntax erzeugte kontextfreie Syntax): Die von einer ID/LP-Syntax G_{IDLP} = (VN,VT,ID,LP,S) erzeugte kontextfreie Syntax G_{kf} ist das 4-Tupel (VN,VT,R,S) mit R, wie folgt: Für jede ID-Regel p der Form $A \Rightarrow \langle A_1,\ldots,A_n\rangle$ sei $P\langle A_1,\ldots A_n\rangle$ die Menge aller Permutationen von $\langle A_1,\ldots,A_n\rangle$. Sei für ein gegebenes p diese $\{\alpha_1,\ldots,\alpha_m\}$ und R_p die Menge der kontextfreien Regeln $\{A \rightarrow \alpha_1,\ldots,A \rightarrow \alpha_m\}$ (wobei in R_p spitze Klammern und Kommata weggelassen werden). Für jede ID-Regel p der Form $A \Rightarrow \langle\,\rangle$ sei $R_p = \{A \rightarrow \varepsilon\}$. Wir setzen $R' = \bigcup_p R_p$. R wird gegeben durch $R = R'-R''$, wobei R'' die Menge aller Regeln $A \rightarrow \alpha$ aus R' ist, für die es ein $(B,C) \in LP$ gibt, so daß gilt: $\alpha = \alpha_1 C \alpha_2 B \alpha_3$ mit $\alpha_1, \alpha_2, \alpha_3 \in (VN \cup VT)^*$.

<u>Definition</u> <u>3</u> (die von einer ID/LP-Syntax erzeugte Sprache): Die von einer ID/LP-Syntax G_{IDLP} erzeugte Sprache (notiert $L(G_{IDLP}))$ ist die Sprache der von G_{IDLP} erzeugten kontextfreien Syntax.

Von Interesse ist es nun, zu wissen, in welcher hierarchischen Beziehung die kontextfreien Sprachen und die von ID/LP-Syntaxen erzeugten Sprachen (hier ID/LP-Sprachen genannt zueinander stehen. Es gilt

<u>Satz</u> <u>1</u>: Die Menge der kontextfreien Sprachen ist gleich der Menge der ID/LP-Sprachen.

M.a.W.: Zu jeder kontextfreien Syntax G gibt es eine ID/LP-Syntax G_{IDLP}, so daß $L(G) = L(G_{IDLP})$, und umgekehrt.

Zum Beweis: Sei $\mathcal{L}_{kf}$ die Menge der kontextfreien Sprachen und $\mathcal{L}_{IDLP}$ die Menge der ID/LP-Sprachen. Aus den Definitionen folgt unmittelbar, daß $\mathcal{L}_{IDLP} \subseteq \mathcal{L}_{kf}$. Der Beweis für $\mathcal{L}_{kf} \subseteq \mathcal{L}_{IDLP}$ beruht darauf, daß man für jede kontextfreie Syntax G = (VN,VT,R,S) eine schwach äquivalente kf Syntax G' = (VN',VT,R',S) so konstruieren kann, daß jedes Symbol aus VN' $\cup$ VT insgesamt höchstens einmal in den rechten Seiten der verzeigenden Regeln auftritt. Dies erreicht man durch Umbenennung von Symbolen und deren Wiedereinführung durch unäre Regeln. Ein solches G' läßt sich sofort in ein G_{IDLP}, das L(G') und damit L(G) erzeugt, umschreiben. [6]

Probleme mit ID/LP-Syntaxen ergeben sich dadurch, daß man zu einer gegebenen kontextfreien Syntax im allgemeinen keine äquivalente ID/LP-Syntax konstruieren kann, indem man entsprechend dem in Definition 2 gegebenen Verfahren einfach die kontextfreien Regeln als ID-Regeln interpretiert und die Reihenfolgen durch LP-Regeln einschränkt, sondern eine umgeformte äquivalente kf Syntax dazwischenschalten muß. Es gilt nämlich

<u>Satz</u> <u>2</u>: Es gibt eine kontextfreie Syntax G, für die es keine ID/LP-Syntax G_{IDLP} gibt, die G erzeugt.

Auf Grund von Satz 1 ist jedes kontextfreie L die Sprache einer kf Syntax G_1, die von einem G_{IDLP} generiert weird. Doch kann L zudem die Sprache eines kf G_2 sein, für das es kein solches G_{IDLP} gibt. Dies kann für die Konstruktion von Syntaxen hinderlich sein, wenn man nicht nur daran interessiert ist, eine bestimmte Menge von Endketten auf irgendeinem Weg zu erzeugen, sondern zugleich bestimmte zugrundeliegende Strukturen erhalten möchte, welche bei einer Umwandlung von G_2 in ein G_1 zerstört würden. Bei der Diskussion des Spanischen wird diese Problematik weiter zu erörtern sein.

Beweis von Satz 2: Wir brauchen nur ein G zu finden, das von keinem G_{IDLP} erzeugt wird. Sei dieses (VN,VT,R,S) mit VN = $\{S\}$, VT = $\{a,b,c\}$ und R = $\{S \rightarrow abc, S \rightarrow cba, S \rightarrow bac, S \rightarrow bca\}$. Angenommen, es gibt ein G_{IDLP}, das G erzeugt. G_{IDLP} hat gemäß Definition 2 die Vokabulare VN und VT und das Startsymbol S. Die rechten Seiten der Regeln von R bilden eine Teilmenge der Permutationenmenge von $\langle a,b,c \rangle$, so daß ID von G_{IDLP} einzig die Regel $S \Rightarrow \langle a,b,c \rangle$ enthält. Wie man leicht nachprüft, gibt es kein LP, das die Permutationen von $\langle a,b,c \rangle$ auf die rechten Regelseiten von R einschränkt. Damit ist die Annahme, daß es ein G_{IDLP} gibt, das G erzeugt, zum Widerspruch geführt, und es gilt der Satz.

3. ID/LP-Syntaxen und das Spanische

3.1. Sätze ohne satzergänzende Adverbiale

In der GPSG geht es darum, ohne Verwendung von Transformationsregeln die oberflächensyntaktisch zulässigen Sätze einer Sprache zu generieren. Eine GPS-Syntax kann als Metasyntax einer kf Syntax, die sie generiert, angesehen werden, wobei für diese Metasyntax eine Reihe von miteinander spielenden Formalismen, wie ID- und LP-Regeln, Metaregeln, Slash-Kategorien und Merkmalsübertragungskonventionen, vorgesehen sind (vgl. GAZDAR/PULLUM 1982).

Betrachten wir zunächst spanische Sätze ohne satzergänzende Adverbiale. Ausgehend von der klassischen Aufteilung in Subjekts-Nominalphrase und Verbalphrase, sind für die Fälle unter 1.1.1. (Sätze mit Oberflächensubjekt) folgende ID-Regeln anzusetzen:

(13) $S \Rightarrow \langle NP,VP \rangle$ — mit NP Subjekt

$VP \Rightarrow \langle V \rangle$
$VP \Rightarrow \langle V,NP \rangle$
$VP \Rightarrow \langle V,PP \rangle$
$VP \Rightarrow \langle V,NP,PP \rangle$
$VP \Rightarrow \langle V,PP,PP \rangle$
— mit NP, PP Objekten

VP ⇒ ⟨KOP,PRÄD⟩

Die Schwierigkeit mit diesem System liegt darin, daß Ketten mit mehr als einem Aktanten vor dem Verb erzeugt werden können, welche auszuschließen sind. Da 1 Aktant vor dem Verb aber zulässig ist und dieser eine beliebige NP oder PP sein kann, läßt sich keine geeignete Menge von LP-Regeln finden. Die LP-Regeln

(14) V < X mit X ∈ {NP,PP}
KOP < PRÄD

würden jedenfalls zu viele Fälle ausschließen.

Ferner ist (13) auch insofern unzureichend, als das Subjekt nicht zwischen dem Verb und dessen Objekten generiert werden kann. Für diese Fälle mit nicht zusammenhängender VP sind weitere ID-Regeln einzuführen, was auf eine Dopplung von Regeln hinausläuft. Diese neuen Regeln leiten sich aus der Metaregel

(15) VP ⇒ ⟨V,X⟩ ⇝ S ⇒ ⟨NP,V,X⟩

ab, worin X eine Variable für Konstituentenfolgen ist. (13) und (15) erzeugen die ID-Regeln

(16) S ⇒ ⟨NP,V⟩
S ⇒ ⟨NP,V,NP⟩
S ⇒ ⟨NP,V,PP⟩
S ⇒ ⟨NP,V,NP,PP⟩
S ⇒ ⟨NP,V,PP,PP⟩.

Desweiteren brauchen wir

(17) S ⇒ ⟨NP,KOP,PRÄD⟩

Nun ergibt sich aber, daß alle Ketten über {NP, V, PP, KOP, PRÄD}, die (13) erzeugt, auch von (16) und (17) erzeugt werden, wobei diese Mehrdeutigkeit rein syntaktisch ist. Da (16) und (17) andrerseits auf alle gewünschten Fälle führen (sowie einige nicht gewünschte), ist (13) überflüssig und kann allein von (16) und (17) ausgegangen werden.

Für die Sätze ohne Oberflächensubjekt (1.1.2.) bekommen wir durch Fortlassen einer NP auf den rechten Seiten

(18) S ⇒ ⟨KOP,PRÄD⟩
S ⇒ ⟨V⟩

S ⟹ ⟨V,PP⟩
S ⟹ ⟨V,PP,PP⟩
S ⟹ ⟨V,NP⟩
S ⟹ ⟨V,NP,PP⟩

Für die syntaktischen Funktionen gilt nun: jede PP ist ein präpositionales (indirektes) Objekt oder, mit der Präposition a gebraucht, evtl. ein direktes Objekt, jede NP ist Subjekt oder direktes Objekt. Jede Distribution von syntaktischen Funktionen ist in den ID-Regeln erlaubt, bis darauf daß es in jedem Satz höchstens ein Subjekt und höchstens ein direktes Objekt gibt. Für die zulässigen Reihenfolgen spielen die syntaktischen Funktionen keine Rolle, da an jeder möglichen Aktantenposition jede Funktion auftreten kann (die unter 1. festgestellten Einschränkungen für das direkte Objekt sind in speziellen Fällen relevant und sollten auf lexikalischer Ebene beschrieben werden).

Wir brauchen nun LP-Regeln, die festlegen, daß V und KOP nur an 1 oder 2. Stelle auftreten, wobei für die übrigen Konstituenten sämtliche Reihenfolgen erlaubt sind. Für die Gesamtregelmenge unter (16), (17) und (18) reichen für die Verberststellung die LP-Regeln

(19) $V < X$ und $KOP < X$ mit $X \in \{NP, PP, PRÄD\}$

aus, es läßt sich jedoch keine Menge von LP-Regeln finden, die auch die Verbzweitstellung beschreibt.

Für die Zweitstellung des Verbs bietet sich eine Behandlung mittels Slashkategorien (vgl. zu diesem Formalismus GAZDAR 1982) an, wie sie Russell (vgl. Aufsatz in diesem Band) für das Deutsche vorschlägt. Diese Sätze werden als Strukturen der Form S ⟶ X S/X aufgefaßt mit X einer Konstituente, die nicht das Verb ist, und S/X dem "Restsatz", welcher eine S-Struktur mit einem getilgten X ist. Zu (16) bis (18) kommen folgende Regeln hinzu:

(20) S ⟹ ⟨NP,S/NP⟩
S ⟹ ⟨PP,S/PP⟩
S ⟹ ⟨PRÄD,S/PRÄD⟩

sowie für jedes S ⟶ $\langle a_1, \ldots, X, \ldots, a_m \rangle$ ($m \geq 1$) aus (16) bis (18), für das $X \in \{NP, PP, PRÄD\}$, die ID-Regeln

(21) $S/X \Rightarrow \langle a_1, \ldots X/X, \ldots a_m \rangle$
$X/X \Rightarrow \langle\, \rangle$

ferner die LP-Regeln

(22) V < X, KOP < X, X < S/X mit X wie oben.

In (21) kann X/X in $\langle a_1, \ldots, a_m \rangle$ auch gleich eliminiert werden, so daß dafür keine Tilgungsregel einzutreten braucht.

(16) - (18) und (20) - (22) generieren genau die im Spanischen zulässigen Strukturen. Darüberhinaus wird durch (20) - (22) ein Strukturprinzip für diese Sprache angegeben, nämlich daß eine beliebige nicht-verbale Konstituente aus einem Satz nach links "extraponiert" werden kann und sonst alle Satzstrukturen (mit oder ohne Slash) mit dem Verb beginnen. Die Extraposition kann sogar auf das Verb verallgemeinert werden. Wir führen ein neues Startsymbol Z ein und die ID-Regeln

(23) $Z \Rightarrow \langle X, S/X \rangle$ mit X e {NP,PP,PRÄD,V,KOP}

und alle LP-Regeln

(24) X < S/X, V < X, KOP < X mit X wie in (23)

(16) - (18), (23), (24) und die Regeln für die S/X erzeugen ebenfalls die gewünschten Formen. Dabei ist S nicht mehr vom Startsymbol aus erreichbar, die Regeln (16) - (18) dienen jetzt nur noch dazu, die Struktur der S/X festzulegen (im Fall $S/V \Rightarrow \langle V/V \rangle$ ist S/X mit X=V in (23) zu tilgen).

Damit ist eine Lösung im ID/LP-Format gefunden. Es ist jedoch zu beachten, daß die Regeln (21) eine Aufblähung des Systems bewirken. Wir erhalten mit (16) - (18), (23) und allen Regeln für die S/X 43 ID-Regeln. Eine kontextfreie Syntax, die alle zulässigen Reihenfolgen direkt unter S erzeugt, benötigt nur 31 kf Regeln. Um beim Parsen und Generieren von Sätzen einen Vorteil aus der ID/LP-Syntax ziehen zu können, ist nach Verfahren zu suchen, die - bezogen auf unseren Fall - nur über (16) - (18), (23) und (24) operieren, so daß die ID-Regeln für die S/X nicht explizit aufgeführt werden müssen.

3.2. Sätze mit satzergänzenden Adverbialen

Vor das finite Verb können ein Verbaktant und mehrere satzergänzende Adverbiale treten. Die Syntax muß ferner berücksichtigen, daß Folgen von Adverbialen auch überall zwischen den anderen Konstituenten möglich sind. Ich gehe hier vom theoretischen Fall aus, daß in einem Satz beliebig viele satzergänzende Adverbiale vorkommen können.

Um eine (evtl. leere) Folge von Adverbialen zu erzeugen, werden das Nicht-Endsymbol AVK ("Adverbialkomplex") und die ID-Regeln

(25) AVK ⟹ ⟨AV,AVK⟩
AVK ⟹ ⟨ ⟩

eingeführt. Für jede Regel von (16) - (18) wird deren rechte Seite um n+1 AVK-Vorkommen erweitert, wobei n die Länge der rechten Seite ist. Auf diese Weise wird erreicht, daß ein AVK an jeder Position zwischen den anderen Konstituenten generiert werden kann. Wir erhalten

(26) S ⟹ ⟨NP,V,AVK^3⟩
S ⟹ ⟨NP,V,NP,AVK^4⟩
S ⟹ ⟨NP,V,PP,AVK^4⟩
usw.

worin AVK^m für eine m-gliedrige Folge von (durch Kommata abgetrennte) AVK-Vorkommen steht. (23) wird ersetzt durch

(27) Z ⟹ ⟨AVK^2,X,S/X⟩ mit X wie in (23)

und (24) bleibt erhalten. So wird gewährleistet, daß Adverbiale vor X und zwischen X und S/X erzeugt werden können und unter S/X darauf das finite Verb folgt. Unter S/X können anschließend weitere Adverbiale auftreten.

An diesem Vorschlag mag das inflationäre Auftreten von AVK in den Regeln stören sowie, daß die Adverbiale selbst erst auf den nächsttieferen Ebenen erzeugt werden. AVK faßt beliebige Adverbiale zusammen, ohne daß diese eng aufeinander bezogen sein müssen. Da das GPS-System so konzipiert ist, daß parallel zu den syntaktischen Strukturen semantische aufgebaut werden sollen, ist natürlich hier nach der semantischen Interpretation der Regeln, in denen AVK auftreten, zu fragen.

4. Ein Problem mit ID/LP-Syntaxen

Wie die vorhergehenden Ausführungen zeigen, ergeben sich Schwierigkeiten mit ID/LP-Syntaxen bei den LP-Regeln: LP-Regeln stellen nur Beziehungen zwischen jeweils 2 Symbolen aus VN $\cup$ VT dar. Es ist nicht möglich, auf verschiedene Vorkommen desselben Symbols in einer rechten Regelseite sowie auf Reihenfolge-Beziehungen zwischen mehr als 2 Symbolen Bezug zu nehmen. Um trotzdem in diesem Format arbeiten zu können (nach Satz 1 ist es ja für jede kf Sprache theoretisch möglich), sind Umformungen bzw. weitere Formalismen, von denen hier Slashkategorien benutzt wurden, heranzuziehen. Nun spricht prinzipiell nichts gegen eine Verwendung weiterer Mittel im Rahmen der GPSG, doch zeigt sich eine Schwäche der LP-Regeln für sich genommen. Es mag Fälle geben, für die ein stärkerer Formalismus zur Behandlung von Reihenfolgen wünschenswert ist.

Folgende Möglichkeiten lassen sich denken. 1) Eine LP-Regel braucht nicht über allen ID-Regeln einer gegebenen Syntax zu operieren sondern nur über einer bestimmten für sie festgelegten Teilmenge der ID-Regeln. 2) Reihenfolgebeziehungen werden durch einen gänzlich anderen Formalismus beschrieben. Die Möglichkeit 1) ist evtl. immer noch nicht stark genug, doch gibt es jetzt mehr kontextfreie Syntaxen, die von einer ID/LP-Syntax generiert werden.

Zu erwägen ist auch ein modifiziertes System, wo der ID-Formalismus nicht nur auf ganze rechte Regelseiten sondern auf Teilstücke davon angewendet wird. Diejenigen Teilstücke (einschließlich ganzer rechter Regelseiten), für die jede Permutation zulässig ist, werden im ID-Format geschrieben. Ihre Reihenfolge wird durch die Reihenfolge ihrer Aufführung gegeben. LP-Regeln treten nicht auf. Die Regeln einer solchen Syntax haben die Form

(28) 1) $A \Rightarrow \alpha$ oder

2) $A \Rightarrow \alpha_1 T_1 \ldots \alpha_m T_m \alpha_{m+1}$

worin $A \in VN$, α, $\alpha_1, \ldots, \alpha_{m+1} \in (VN \cup VT)^*$ und jedes T_i ($1 \leq i \leq m$) ein n-Tupel $\langle A_1, \ldots, A_n \rangle$ mit $A_j \in VN \cup VT$ ($1 \leq j \leq n$, $n > 1$) ist.

Sei $P(T_i)$ die Permutationenmenge von T_i. Die durch eine Regel der Form 2) generierte Menge kontextfreier Regeln ist gegeben durch alle Regeln

$$A \rightarrow \alpha_1\beta_1 \ldots \alpha_m\beta_m\alpha_{m+1}$$

mit $\beta_i \in P(T_i)$.

Für die spanischen Sätze ohne satzergänzende Adverbiale erhalten wir z.B. folgendes System:

(29) S ⟹ ⟨V,NP⟩
S ⟹ V
S ⟹ ⟨V,NP⟩ NP
S ⟹ ⟨V,PP⟩ NP
S ⟹ ⟨V,NP⟩ PP
S ⟹ ⟨V,NP⟩ ⟨NP,PP⟩
S ⟹ ⟨V,NP⟩ PP PP
S ⟹ ⟨V,PP⟩ ⟨NP,PP⟩
S ⟹ ⟨V,PP⟩ NP NP
S ⟹ ⟨V,PP⟩
S ⟹ ⟨V,PP⟩ PP
S ⟹ ⟨KOP,NP⟩ PRÄD
S ⟹ ⟨KOP,PRÄD⟩ NP
S ⟹ ⟨KOP,PRÄD⟩

(29) beschreibt genau die zulässigen Reihenfolgen. Es fällt auf, daß, verglichen mit den Vorschlägen in 3., relativ wenig Regeln gebraucht werden. Für Sätze mit Adverbialen können diese Regeln in ähnlicher Weise, wie in 3.2. gezeigt, erweitert werden.

Zu bemerken bleibt noch, daß ein direktes Generieren und Parsen mit solchen Syntaxen problemlos möglich ist (vgl. SHIEBER 1984).

Anmerkungen

1 Beispiel aus GILI Y GAYA (1961).

2 Übersetzung: Genau über unserer Halbinsel erscheint noch immer auf der vom INM für heute vorgesehenen Wetterkarte das Sturmtief, welches in den letzten zwei Tagen über Spanien stürmisches Wetter verursachte.

3 Übersetzung: Ohne definitiv über die Halbinsel zu gelangen, bleibt eine Kaltfront atlantischer Herkunft bestehen, wobei über unserem Land noch Hochdruck vorherrscht.

4 Ich lasse Regelnummern, wie sie in GPSG vorgesehen sind, weg, da sie im Folgenden keine Rolle spielen. Der Formalismus kann jederzeit um sie erweitert werden, wenn es notwendig ist.

5 Ich benutze, abweichend vom sonst üblichen Gebrauch in GPSG, für die Dominanzrelation den doppelten Pfeil, um den Unterschied zum Expansionspfeil in kf. Regeln, der einfach notiert wird, sichtbar zu machen. Die rechten Seiten der ID-Regeln schreibe ich als Tupel mit spitzen Klammern.

6 Ausgehend von diesem Beweis läßt sich auch die starke Äquivalenz von ID/LP-Syntaxen und kontextfreien Syntaxen zeigen. Starke Äquivalenz meint hier, daß für jedes Sprachelement dieselben Bäume abgesehen von Knotenetiquetten generiert werden.

7 AV steht global für syntaktisch verschieden gestaltete Adverbiale. Ich lasse es hier bei dieser Bezeichnung, um die Ver-Verhältnisse im Spanischen grundsätzlich zu klären. Bei einer Satzanalyse müßte in Bezug auf Präpositionalphrasen auf Grund weiterer Angaben jeweils ermittelt werden, ob es sich bei PP um ein AV oder ein PP_O handelt.

Literatur

CONTRERAS, Heles (1976): A Theory of Word Order with Reference to Spanish.

GAZDAR, Gerald, "Phrase Structure Grammar". JACOBSON, P. / PULLUM G. (eds.) (1982): The Nature of Syntactic Representation.

GAZDAR, Gerald / PULLUM, Geoffrey , "Generalized Phrase Structure Grammar: A Theoretical Synopsis". Indiana University Linguistics Club, Bloomington, Indiana, 1982.

GILI Y GAYA, Samuel (1951): Curso superior de sintaxis española (8.ed. 1961).

LUZ GUTIERREZ, María (1978): Estructuras sintácticas del español actual.

PERLMUTTER, David, "Les pronoms objects en Espagnol: un exemple de la nécessité de contraintes de surface en syntaxe". RUWET N. (ed.) (1969): Tendances nouvelles en syntaxe générative. Langages 14.

RUSSELL, Graham, "A GPS-Grammar for German Word Order". In diesem Band.

SHIEBER, Stuart W., "Direct Parsing of ID/LP Grammars". Lingistics and Philosophy 7, 1984.

USZKOREIT, Hans, "German Wordorder in GPSG". FLICKINGER, D. / MACKEN, M. / WIEGAND, N. (eds.): Proceedings of the First West Coast Conference on Formal Linguistics. Stanford. 1982.

ERFASSUNG INSTABILER KONSTRUKTIONEN MIT KONTEXTFREIEN SYNTAXEN

Wolf Thümmel

1. Einen mit einer kontextfreien (KF) syntax Σ festgelegten ausdruck nennt man '(syntaktisch) mehrdeutig', sofern man ihm mit Σ mehr als eine strukturbeschreibung zuordnen kann. Syntaxen, die mindestens einen ausdruck als (syntaktisch) mehrdeutig beschreiben, kann man dann sinngemäß auch 'mehrdeutig' nennen.

Entsprechend verfährt man bei ausdrücken einer natürlichen sprache und sagt, dass ein natürlichsprachlicher ausdruck bezüglich einer bestimmten syntax (syntaktisch) mehrdeutig sei, sofern man ihm mit dieser syntax mehr als einen formalsprachlichen ausdruck samt strukturbeschreibung zuordnen kann.

Im folgenden will ich zu zeigen versuchen, dass es linguistisch unter bestimmten bedingungen auch angemessen sein kann, einem natürlichsprachlichen ausdruck in einem anderen sinne als dem bisher gemeinten mehr als einen formalsprachlichen ausdruck samt strukturbeschreibung zuzuordnen, nämlich so, dass die verschiedenen strukturbeschreibungen durch voneinander verschiedene syntaxen festgelegt werden. Wenn ausdrücke unter voraussetzung eines geeignet reglementierten verfahrens auf diese weise mehrere strukturbeschreibungen erhalten, dann soll dadurch behauptet werden, dass die kombinatorischen eigenschaften der ausdrucksteilstücke nicht nur mit einer, sondern mit mehreren konkurrierenden syntaxen beschrieben werden können, ohne dass einer der konkurrierenden syntaxen aus empirischen, methodischen oder theoretischen gründen der vorzug gegeben werden könnte. Man kann auch sagen, dass diese ausdrücke dann hinsichtlich der kombinatorischen eigenschaften ihrer teilstücke oder - wenn man es so wenden will - hinsichtlich ihrer konstruktion instabil sind. Sie sollen daher kurz und einfach 'instabile konstruktionen' heißen. 'Erfassung instabiler konstruktionen' soll heißen, dass jede der beteiligten syntaxen jeder instabilen konstruktion mindestens eine strukturbeschreibung zuordnet. Es ist deutlich, dass instabile konstruktionen außerdem mehrdeutig im anfangs genannten sinne sein können.

2. Damit das reden von instabilen konstruktionen nicht unbestimmt bleibt, muss eine reihe von voraussetzungen erfüllt sein, von denen ich die wichtigsten nenne:

(i) Die syntaxen, die der erfassung instabiler konstruktionen dienen sollen, sowie alle syntaxen, die miteinander verglichen werden, sind vom gleichen format. Ich werde kontextfreie syntaxen mit ausschließlich binären oder unären regeln benutzen, dabei freilich davon ausgehen, dass die unerwünschten eigenschaften unärer regeln durch geeignete vorkehrungen ausgeschlossen sind.

(ii) Für den vergleich von syntaxen und für die auswahl optimaler syntaxen aus der menge der verglichenen benötigt man ein datenabhängiges maß der relativen güte g von syntaxen.

(iii) Ein syntaxvergleich und somit die konstruktion eines maßes der relativen güte g setzt voraus, dass aus der - sinnvollerweise unendlichen - menge der durch jede der zu vergleichenden syntaxen festgelegten strukturtypen eine endliche menge nach einem einheitlichen verfahren ausgezeichnet wird, über die der syntaxvergleich geführt wird. Jedem der ausgezeichneten strukturtypen soll ein wert τ zukommen.

(iv) Ausgehend von diesen werten sollen mindestens folgende weitere werte in $g(\Sigma_i)$ eingehen:

π(λήρης) := summe der τ-werte aller durch Σ_i festgelegten ausgezeichneten strukturtypen, für die es belege gibt;

κ(ἐνος) := summe der τ-werte aller durch Σ_i festgelegten ausgezeichneten strukturtypen, für die es keine belege gibt.

Mit den werten für π und κ können syntaxen absolut miteinander verglichen werden, d.h., die werte für π und κ errechnen sich unabhängig vom vergleich. Für den paarweisen relativen vergleich zwischen Σ_i und Σ_j ($1 < i, j < n$; n = zahl der in den paarweisen vergleich einbezogenen syntaxen) ist mindestens noch der wert für *m(alus)* zu berücksichtigen:

$m(\Sigma_i, \Sigma_j)$:= summe der τ-werte aller strukturtypen, die für Σ_j belegt sind, mit Σ_i aber nicht (oder nur grob) beschrieben werden können.

3. Im folgenden sollen nur solche syntaxen betrachtet und miteinander verglichen werden, deren werte sowohl für π als auch für ϰ gleich sind. Zwei fälle sind dabei zu unterscheiden:

(a) die verglichenen syntaxen erfassen die gleichen daten, d.h., jede dieser syntaxen ordnet jedem der in betracht kommenden ausdrücke mindestens eine strukturbeschreibung zu;

(b) die verglichenen syntaxen erfassen teils die gleichen, teils voneinander verschiedene daten.

Am beispiel niederländischer ausdrücke, in denen *en, maar, want* und *echter* als ausdrucksteilstücke vorkommen, soll insbesondere der fall (a) betrachtet werden.

Ich will hier davon ausgehen, dass es gerechtfertigt ist, jedes der vier ausdrucksteilstücke als zu einer besonderen syntaktischen klasse gehörig aufzufassen und demnach in zu konstruierenden syntaxen je einem nicht-terminalen symbol zuzuordnen:

natürlichsprachliche ausdrucksstücke in der orthographie des Algemeen Beschaafd Nederlands (ABN)	formalsprachliche ausdrucksstücke	
	(lexikalische einheit) terminalsymbol	(syntaktische klasse) nicht-terminales symbol
en	e	E
echter	ec	Ec
maar	ma	M
want	wa	W

Damit soll nicht ausgeschlossen werden, dass e, ec, ma, wa auch anderen syntaktischen klassen zugeordnet sind. Syntaktische mehrdeutigkeit soll nicht ausgeschlossen sein.

Für die beschreibung von ausdrücken der allgemeinen form (F 1) soll es als nicht ungerechtfertigt gelten, die 24 syntaxen in betracht zu ziehen, für die in abstrakter baumform (F 2) angeschrieben wird. (F 2) ist mit hilfe der in tabelle (1) aufgeführten werte zu lesen, die in (F 2) für α, β, γ, δ eingesetzt werden müssen. ε steht für minimale ausdrucksstücke, die mit *en, maar, echter* oder *want* verknüpft werden können, grosso modo solche, die gemeinhin '(komplexe) sätze' heißen. Ergänzendes zu ε wird in § 5 gesagt. In abstrakten beispielen wird ε durch - repräsentiert.

(F 1)

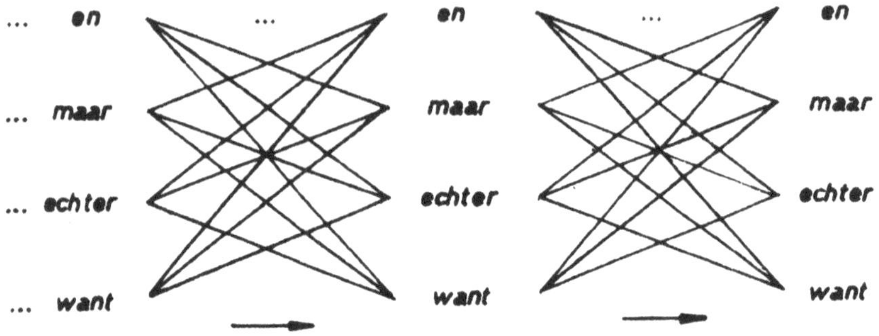
... en
... maar
... echter
... want
...
en
maar
echter
want
...
en
maar
echter
want

(F 2)

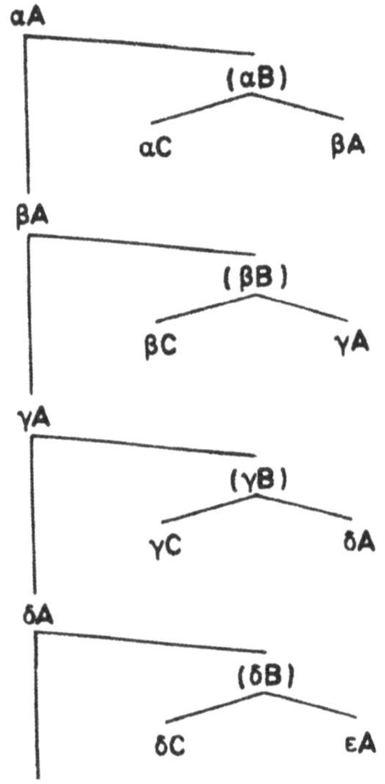
αA
(αB)
αC
βA
βA
(βB)
βC
γA
γA
(γB)
γC
δA
δA
(δB)
δC
εA

(1)

	Σ_1	Σ_2	Σ_3	Σ_4	Σ_5	Σ_6	Σ_7	Σ_8	Σ_9	Σ_{10}	Σ_{11}	Σ_{12}
α	Ec	Ec	Ec	Ec	Ec	Ec	E	E	E	E	E	E
β	E	E	M	M	W	W	Ec	Ec	M	M	W	W
γ	M	W	W	E	E	M	M	W	W	Ec	Ec	M
δ	W	M	E	W	M	E	W	M	Ec	W	M	Ec

	Σ_{13}	Σ_{14}	Σ_{15}	Σ_{16}	Σ_{17}	Σ_{18}	Σ_{19}	Σ_{20}	Σ_{21}	Σ_{22}	Σ_{23}	Σ_{24}
α	M	M	M	M	M	M	W	W	W	W	W	W
β	Ec	Ec	E	E	W	W	Ec	Ec	E	E	M	M
γ	E	W	W	Ec	Ec	E	E	M	M	Ec	Ec	E
δ	W	E	Ec	W	E	Ec	M	E	Ec	M	E	Ec

4. Mehrfachkombinationen sind für *en* belegt:

(2) - en - en - en -

Sie können mit keiner der 24 syntaxen beschrieben werden.

Kombinationen vom typ (3) sind nicht belegt:

(3) - maar - maar - maar -
- want - want - want -

Einige wenige belege gibt es für typ (4):

(4) - echter - echter - echter -

Vergrößert man die datenbasis, so lassen sich für *want* vorkommensbeschränkungen beobachten: *want*-verknüpfungen lassen sich u.a. nicht nachweisen in ausdrucksstücken, die durch folgende ausdrucksteilstücke eingeleitet werden und genau ein finites verb umfassen:

(5) *omdat* ... finites verb
zodat ... finites verb
wanneer ... finites verb
hoewel ... finites verb

Um diese vorkommensbeschränkungen zu erfassen, könnte man sich für die syntaxen Σ_{19} bis Σ_{24} entscheiden. Auf diese weise könnten ausdrucksstücke der art (5), vor denen *omdat, zodat, wanneer* oder *hoewel* steht und in denen genau ein finites verb auftritt, als Ec-, E- oder M-strukturen, nicht aber als W-strukturen beschrieben werden. Damit wäre immerhin die zahl der konkurrierenden syntaxen von 24 auf 6 reduziert.

Da in den kontexten, in denen *want*-verknüpfungen nicht vorkommen, *en*- und *maar*-verknüpfungen belegt sind, scheint diese auswahl gerechtfertigt. Da aber klare belege für *echter* in diesen kontexten fehlen, kommen zu den 6 syntaxen auf jeden fall noch die syntaxen Σ_5 und Σ_6 als kandidaten optimaler syntaxen hinzu: Das ergibt 8 konkurrierende syntaxen, die - abgesehen von fällen des typs (2) - im hinblick auf das hier gewünschte das gleiche leisten.

5. Berücksichtigt man typ (2) sowie die zweifach-kombination vom typ (6), die - wie (7) zeigt - belegt ist, so ist es nicht abwegig, nach einer zweiten quelle für repräsentationen für *en*- und *maar*-verknüpfungen zu suchen.

(6) - maar - maar -

(7) Ze verwachtte toen een kind en ze kreeg ook nog een miskraam. *Maar* we hebben de film toch afgemaakt. *Maar* toen het gebeurd was, wist ik dat ik nooit meer een film met Marilyn zou maken.

Eine derartige quelle kann so etabliert werden, dass *en*- und *maar*-verknüpfungen in jeder der 24 syntaxen, die jede ein symbol εA aufweist, auch eine teilstruktur entsprechen kann, die von εA dominiert wird.

Von den hier behandelten ausdrucksstücken kann man zumindest *en*-verknüpfungen zu jenen zählen, die in der literatur 'koordinative' genannt werden. Es ist hier nicht der ort zu zeigen, dass die mit dem begriff 'koordination' verbundenen annahmen,

(a) miteinander koordinierte ausdrucksstücke seien durchweg gleicher syntaktischer kategorie,

(b) die mögliche zahl der gleichartig (etwa gleichartig mit *en* oder gleichartig mit *of*) miteinander koordinierten ausdrucksstücke sei zwar immer endlich, aber größer als 2,

zumindest für die hier erörterten fälle nicht nur entbehrlich sind, sondern angesichts der kombinatorischen eigenschaften dieser verknüpfungen zu einem allzu "reichen" und empirisch nicht zu rechtfertigenden beschreibungspotential führen.

Durch die etablierung zusätzlicher εA-dominierter strukturen für *en*- und *maar*-verknüpfungen steigt allerdings die zahl der konkurrierenden syntaxen wieder auf 24. Alle 24 syntaxen Σ'_1 bis Σ'_{24} - mit der übereinstimmenden veränderung, die ich hier nur informell andeute - sind mehrdeutig hinsichtlich der beschreibung von *en*- und *maar*-verknüpfungen. Die argumente, die bisher für die syntaxen Σ_{19} bis Σ_{24} sowie Σ_5 und Σ_6 sprechen konnten, sind dadurch hinfällig.

Um nun erneut die zahl der konkurrierenden syntaxen zu verringern, bedarf es weiterer daten. Gesucht sind solche ausdrücke, die zeigen, dass es erforderlich ist, "oberhalb" von *want*-verknüpfungen *en*- und *maar*-verknüpfungen zu beschreiben, d.h. solche, die die syntaxen Σ'_1, Σ'_4, Σ'_7, Σ'_9, Σ'_{10}, Σ'_{13} und Σ'_{16} gegenüber den übrigen privilegieren.

Was ist nun, wenn man solche belege nicht findet? - Dann gibt es keine entscheidung darüber, ob einer oder mehreren der syntaxen Σ'_1 bis Σ'_{24} gegenüber den anderen unter ihnen der vorzug zu geben ist. Alle 24 syntaxen sind von gleicher relativer güte. Und das heißt dann, dass alle ausdrücke, die sich mit Σ'_1 bis Σ'_{24} erfassen lassen, "mehrdeutig" in dem sinne sind, dass man sie mit 24 verschiedenen syntaxen beschreiben kann; d.h. dass es sich bei ihnen um instabile konstruktionen handelt.

Spekulationen bieten sich an: Gesetzt den fall, der - aktive oder passive - benützer des Algemeen Beschaafd Nederlands befindet sich in einer lage, die der jenes linguisten ähnelt, der vergeblich nach belegen für die reduzierung der 24 konkurrierenden syntaxen Σ'_1 bis Σ'_{24} sucht. Ist er aktiver benützer, so kann er eines tages einen ausdruck äußern, der den gesuchten belegen entspricht, und der linguist kann dann für diese ABN-"varietät" bestimmte syntaxen aus Σ'_1 bis Σ'_{24} als die optimalen auszeichnen. Äußert er solche ausdrücke nicht und wird er - als auch passiver benützer - nicht mit solchen äußerungen konfrontiert, so kann der linguist für die ABN-"varietät" dieses benützers die zur debatte stehenden ausdrücke nicht nur als mehrdeutig (in bezug auf genau eine syntax) beschreiben, sondern auch als instabil (im bezug auf mehrere syntaxen).

Es kann nun sein, dass es belege der gesuchten art einfach deshalb nicht gibt, weil kein ABN-benützer solche ausdrücke äußert. Dann bleiben *en*-, *maar*-, *echter*- und *want*-verknüpfungen generell instabil.

Die instabilität verringert sich erst dann, wenn man die einschlägigen ausdrücke nachweisen kann. Man könnte darüber hinaus auch sagen, dass sie sich mit wachsender vorkommenshäufigkeit der gesuchten ausdruckstypen verringert. Statistische erwägungen und untersuchungen, die sicher fruchtbar wären, stelle ich hier allerdings nicht an.

Im rahmen eines gedankenexperiments kann man sich auch vorstellen, dass die verringerung der instabilität ein ergebnis des spracherwerbs sein kann, dass - um den gedankengang auf die hier behandelten fälle instabiler konstruktionen zu wenden - ein kind oder auch ein bereits erwachsener erstmals mit den stabilisierung herbeiführenden ausdrücken konfrontiert wird und diese dann auch selbst verwendet. In diesem fall handelte es sich um eine individuumbezogene stabilisierung, weil im gedankenexperiment vorausgesetzt wird, dass es bereits andere ABN-benützer gibt, die die stabilisierung herbeiführenden ausdrücke äußern.

Anders verhielte es sich, wenn ein ABN-benützer solche ausdrücke erstmals selbst äußert, ohne dass er vorher mit ihnen konfrontiert worden wäre. Dann handelte es sich um eine innovation, die zur überindividuellen stabilisierung führen kann, sobald auch andere ABN-benützer die fraglichen ausdrücke verwenden.

6. Nach diesen spekulativen erwägungen zurück zur realität. Auf der suche nach stabilisierung herbeiführenden ausdrücken bin ich auf belege wie die folgenden gestoßen:

(8) Daarom werd op de landelijke staking van 24 mei duidelijk door de bonden gesteld dat het algemene belang in Cannes eist dat het hotelpersoneel doorwerkt. *Want* je dwingt de internationale miljonairs in Carlton niet hun eigen bed op te maken alleen omdat de Fransen het onderling niet eens kunnen worden over prijzen en lonen. *En* het restaurantpersoneel werd door hun bond verzocht hun dagtaak ook te blijven vervullen. *Want* een verwerpelijke, maar in Cannes zeer gewaardeerde kapitalist een dag honger laten lijden is zeker ook heel slecht voor zijn humeur. En dat humeur bepaald hoe wijd de portefeuille geopend wordt.

(9) Dat kunt u, *want* u heeft minstens enige jaren ervaring met textieldetaillisten. U moet *echter* méer kunnen, *want* de uitbreiding van onze klantenkring heeft onze grootste aandacht.

(10) Zo'n uitspraak is voor mij natuurlijk dodelijk, *want* ik kan nou wel ophouden met m'n stukkie, *maar* ik ga toch nog even door. "*Want*," zeggen de voorstanders van de serie, "openheid is de eerste stap op weg naar verandering. En als 30 procent van 50 miljoen kijkers naar ALL IN THE FAMILY kijkt, zou daar dan niemand bij zijn die die stap maakt?"

Ausdrücke wie (8) bis (10) sind selten. Das soll hier - weil ich keine statistischen untersuchungen angestellt habe - nur soviel heißen, dass ich im laufe der vergangenen acht jahre trotz gezielter suche nicht sehr fündig geworden bin.

Die belege (8) bis (10) zeigen die folgenden konfigurationen:

(11)	- want - en - want -	(8)
(12)	- want - echter - want -	(9)
(13)	- want - maar - want -	(10)

Selbst wenn man - wie ich es getan habe - *en*- und *maar*-verknüpfungen als syntaktisch mehrdeutig auffasst, ja sogar dann, wenn man außerdem *ech-ter*-verknüpfungen für syntaktisch mehrdeutig hält - was ich hier nicht getan habe -, lassen sich diese belege dafür benutzen, die zahl von 24 syntaxen auf 6 zu vermindern. Nur die syntaxen Σ_1', Σ_4', Σ_7', Σ_{10}', Σ_{13}' und Σ_{16}' liefern für die konfigurationen (11) bis (13) strukturbeschreibungen. Die figuren (F 3) und (F 4) geben die strukturbeschreibungen für Σ_1' bzw. Σ_{13}'. Dabei gehe ich freilich davon aus, dass nichts dagegen spricht, *want*-verknüpfungen als syntaktisch-eindeutig zu beschreiben.

(8) allein genommen lässt zusätzlich noch die syntaxen Σ_2', Σ_8', Σ_9', Σ_{11}', Σ_{12}' und Σ_{15}' im spiel; (9) für sich genommen: Σ_2', Σ_3', Σ_5', Σ_6', Σ_8' und Σ_{14}'; (10) für sich genommen: Σ_3', Σ_9', Σ_{14}', Σ_{15}', Σ_{17}' und Σ_{18}'.

Über daten, die es erlauben würden, die zahl konkurrierender syntaxen weiter zu senken und damit die anzunehmende instabilität zu verringern, verfüge ich z.z. nicht. Das kann an meinem mangelhaften fleiß liegen oder in dém sinne systematisch sein, dass sich solche daten in den 70er und 80er jahren dieses jahrhunderts nicht auffinden lassen.

Wenn das zweite der fall ist, ist das für den linguisten ein malheur? Ein malheur kann es nur dann sein, wenn man sich zum dogma gesetzt hat, dass eine natürliche sprache mit nur éiner syntax zu beschreiben ist.

Einem solchen dogma folgend, könnte man mir vorwerfen, dass ich außer distributionellen kriterien keine anderen kriterien herangezogen habe, mit deren hilfe man aus der not nicht eine tugend hätte machen müssen, mit deren hilfe man erst gar nicht in not geraten wäre. Universelle gesichtspunkte hätten es sein können. Aber außer dem umstand, dass man wohl für alle sprachen ausdrücke nennen kann, die mancher linguist sich wünscht, die aber nicht auf redliche weise belegt sind, sehe ich hier kein universelles prinzip walten, das mir einen besseren weg hätte weisen können.

Manch einer könnte sich sog. semantische kriterien wünschen. Hierzu kann ich nichts sagen, da mir eine semantik für die hier erörterten ausdrücke nicht bekannt ist. Mit unbekanntem zu argumentieren, heißt aber jedenfalls: auf sand bauen.

Ich selber habe in früheren jahren mit der vagen vorstellung unterschiedlicher bezugsbereiche, die etwa der klassischen, aber unstet gehandhabten unterscheidung zwischen kopf (head) und modifikator (modifier) nicht unähnlich ist, gearbeitet. Es hat sich dabei herausgestellt, dass gerade in jenen fällen, in denen ich instabilität anzunehmen vorschlage, auch die ur-

(F 3)

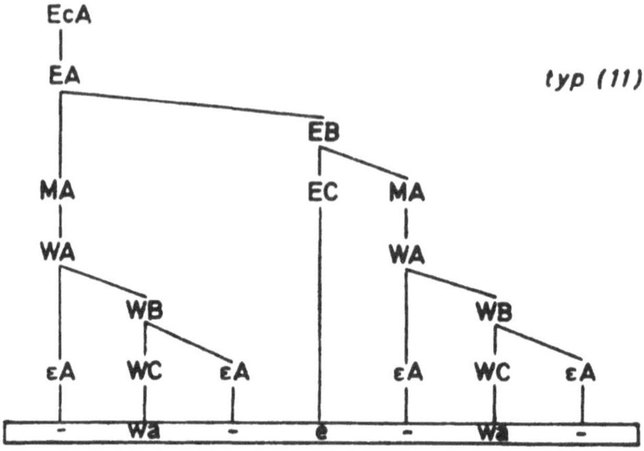

typ (11)

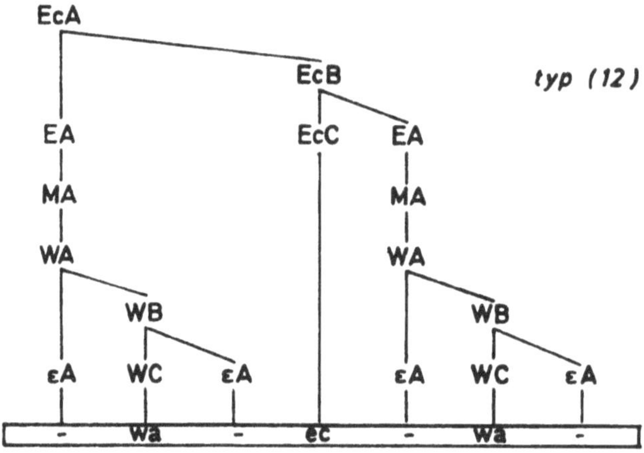

typ (12)

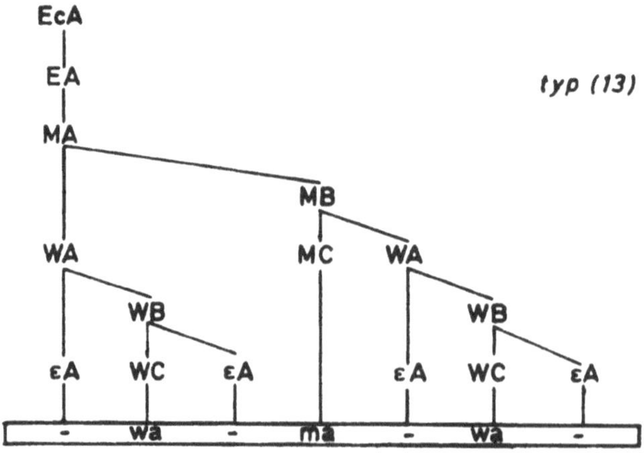

typ (13)

(F 4)

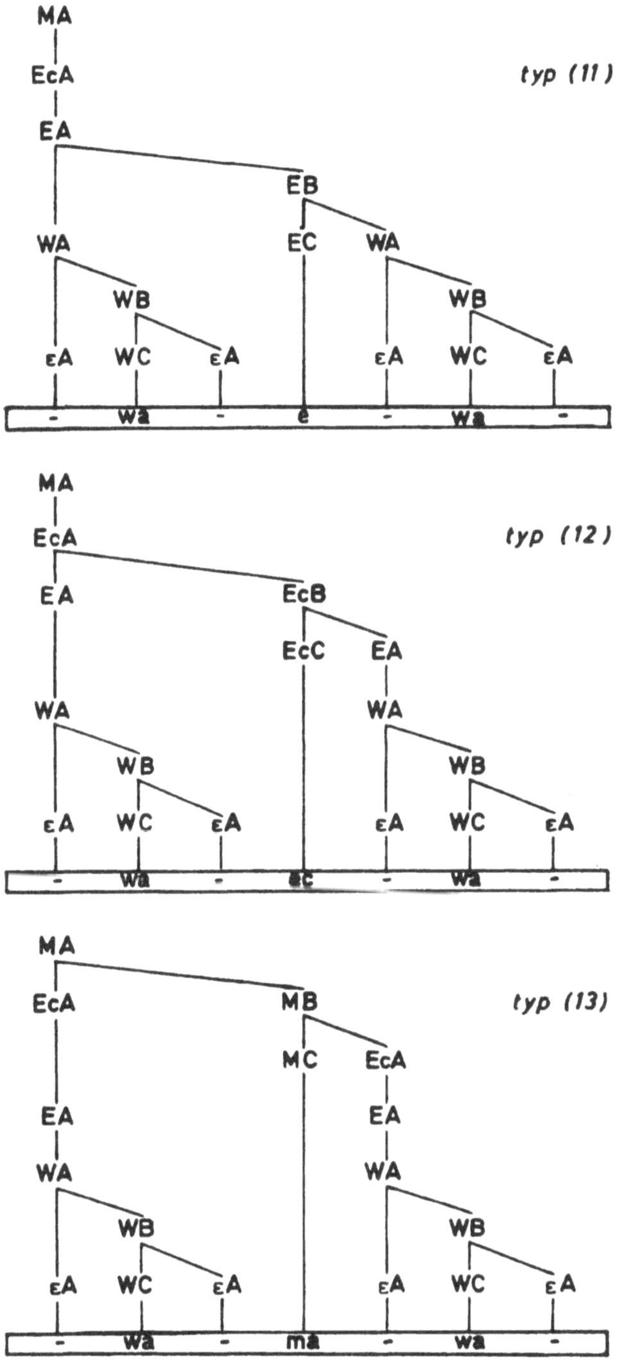
MA
EcA
typ (11)
EA
EB
WA
EC
WA
WB
WB
εA
WC
εA
εA
WC
εA
- wa - e - wa -
MA
EcA
typ (12)
EA
EcB
EcC
EA
WA
WA
WB
WB
εA
WC
εA
εA
WC
εA
- wa - ac - wa -
MA
EcA
MB
typ (13)
MC
EcA
EA
EA
WA
WA
WB
WB
εA
WC
εA
εA
WC
εA
- wa - ma - wa -

teile über bezugsbereiche recht wechselhaft und unzuverlässig sind. Man gewinnt mit ihnen nicht das gewünschte.

Man muss nun in der annahme von instabilen konstruktionen keineswegs ein linguistisches malheur sehen. Vielmehr scheint sie ganz plausibel, wenn man bedenkt, dass vermehrung oder verminderung der zahl instabiler konstruktionen, die jeweils datenabhängig behauptet wird, einen aspekt der syntaktischen sprachveränderung betreffen, und zwar einen aspekt, der von der veränderung lexikalischen materials unabhängig ist.

EINIGE BEMERKUNGEN ZUR REKURSIVITÄT KONTEXTFREIER SYNTAXEN†

Jürgen Wedekind

O.

Im folgenden soll eine effektiv entscheidbare Eigenschaft kontextfreier (kurz kf) Syntaxen festgelegt werden, deren Vorliegen notwendig und hinreichend für die Unendlichkeit der von einer solchen Syntax erzeugten Sprache ist. Dabei soll eine kf Syntax ganz allgemein rekursiv heißen, wenn sie eine unendliche Sprache erzeugt.[1]

Gewöhnlich entscheidet man die Rekursivität einer kf Syntax, die eine nichtleere Sprache erzeugt, indem man nach bestimmten Verfahren zunächst eine bis auf λ (oder auch Ketten der Länge <2) schwach äquivalente kf Syntax definitorisch sehr starken Typs konstruiert. Das ist i.d.R. mindestens eine reduzierte expandierende.[2] Die Rekursivität der ursprünglichen Syntax wird dann zurückgeführt auf die Existenz eines Hilfssymbols der konstruierten Syntax mit einer bestimmten Eigenschaft, die hier auch als 'Rekursivität' bezeichnet wird.[3] Die Existenz einer Variablen mit dieser Eigenschaft ist aber nur für reduzierte λ-freie kf Syntaxen notwendig und hinreichend, wobei das Entscheidungsverfahren, das i.d.R. angegeben wird, nur für die Syntaxen adäquat ist, die außerdem mindestens expandierend sind.[4]

Die Festlegung einer generell für kf Syntaxen adäquaten Rekursionseigenschaft, die definitorisch auf die Existenz einer rekursiven Variablen zurückgeführt werden soll, könnte zumindest zwei Vorteile haben.

i. Man kann sich, obwohl das oben angesprochene Verfahren adäquat ist, die Konstruktion von Syntaxen stärkeren Typs ersparen.

ii. Man kann für die Ursprungssyntax angeben, an welchen Hilfssymbolen es genau liegt, daß die Syntax rekursiv ist, und, da das Vorliegen dieser Eigenschaft wesentlich von den Regeln der Syntax abhängt, letztlich dann auch bestimmen, welche Regeln der Ursprungssyntax die Rekursivität einzelner Variablen in welcher Weise bedingen.

Denn es kann ja sein, daß konstruktionsbedingt

a. die Rekursivität einer Variablen der ursprünglichen Syntax in der konstruierten durch andere (möglicherweise neu konstruierte) Regeln gewährleistet wird, während andererseits vielleicht die Regeln, die das in der Ursprungssyntax taten, in der konstruierten nicht mehr vorhanden sind,

b. Variable die Rekursionseigenschaft verlieren,

c. andere (möglicherweise in der ursprünglichen Syntax nicht vorhandene) Variable rekursiv werden,

was insgesamt nur mit einer für kf Syntaxen allgemein adäquaten Rekursionseigenschaft kontrollierbar ist.

Eine adäquate Rekursionseigenschaft wird - nach terminologischen Festlegungen in 1. - im 2-ten Abschnitt festgelegt. Für deren effektive Entscheidbarkeit, die zunächst in 3. u.a. durch Festlegung eines adäquaten Rekursionsfolgebegriffs[5] nachgewiesen wird, wird dann - darauf aufbauend - in 4. ein vereinfachtes Verfahren entwickelt. Auf die schon angesprochene Kontrolle konstruktionsbedingter Informationsverluste bei der Benutzung des gewöhnlichen Verfahrens wird abschließend kurz in 5. eingegangen.

1.

In diesem Abschnitt sollen einige terminologische Festlegungen getroffen werden, die für die Behandlung des Problems wichtig oder auch nur nützlich sind. Als Metasprache dient eine wegen der geringen Anforderungen nicht näher festgelegte (insofern bel.), in einer z.T. umgangssprachlichen Version verwendete Fassung einer Mengen-Klassenlehre.[6] Zeichenreihen werden mengentheoretisch mit dem Begriff der Folge oder Sequenz rekonstruiert.

Mit n+ als Nachfolger von n und nach gewöhnlicher Einführung von $\mathbb{N}_0$ (als Menge aller natürlichen Zahlen einschließlich 0) und $\mathbb{N}$ ($=\mathbb{N}_0 \setminus \{0\}$ $[=\mathbb{N}_0 \setminus 1]$) lauten die Definitionen der hier benötigten Varianten des Folgebegriffs in der Funktionsschreibweise mit X^Y als Menge aller Funktionen von Y in X:[7]

<u>Def 1.1.a</u> $\forall n \varepsilon \mathbb{N} \forall \sigma \forall A(\sigma$ Folge der Länge n über $A \leftrightarrow \sigma \varepsilon A^{n+\setminus 1})$

<u>Def 1.1.b</u> $\forall n \varepsilon \mathbb{N}_0 \forall \sigma \forall A(\sigma$ Folge der Länge n über $A \leftrightarrow \sigma \varepsilon A^{n+})$.[8]

Für Folgen gilt die übliche Schreibkonvention: $\sigma_i =: \sigma(i)$.
Die Sternoperation ordnet einer Menge die Menge aller endlichen Folgen über dieser Menge zu.

<u>Def 1.2</u> $\forall V(V^* = \bigcup_{n \varepsilon \mathbb{N}} V^{n+\setminus 1}$

Eine Ersetzungssyntax ist ein Quadrupel, bestehend aus einer endlichen nichtleeren Menge, dem Vokabular, einer echten Teilmenge des Vokabulars, dem Terminalvokabular, einem ausgezeichneten nicht-terminalen Symbol, dem Startsymbol, und einer endlichen (möglicherweise leeren) Menge von Ersetzungsregeln.

<u>Def 1.3</u> $\forall G(G \varepsilon \Gamma \leftrightarrow G = \langle V, V_T, S, R \rangle \wedge |V| \varepsilon \mathbb{N} \wedge V_T \subset V \wedge S \varepsilon V \setminus V_T \wedge R \subseteq (V^* \setminus V_T^*) \times V^* \wedge |R| \varepsilon \mathbb{N}_0)$

Das nicht-terminale Vokabular $V \setminus V_T$ wird mit V_N bezeichnet. Symbole des nichtterminalen Vokabulars heißen Hilfssymbole oder Variable. 'λ' ist das Symbol für die leere Kette (=∅). Nach Einführung der Sternoperation kann die Länge einer Kette x durch die Mächtigkeit von x ($|x|$) angegeben werden.

Eine Kette y ist aus einer Kette x in G mit einer Regel r genau dann unmittelbar ableitbar ($x \underset{r}{\Rightarrow} y$), wenn y durch Ersetzung von $p_2(r)$ für genau ein Vorkommnis von $p_1(r)$ in x aus x hervorgeht.

Def 1.4 $\forall G \varepsilon \Gamma \forall x,y \varepsilon V^* \forall r \varepsilon R (x \underset{r}{\Rightarrow} y \leftrightarrow \exists u,v \varepsilon V^* (x = u p_1(r) v \wedge y = u p_2(r) v))$ [9]

Eine Kette y ist aus einer Kette x in G genau dann unmittelbar ableitbar ($x \Rightarrow y$), wenn es eine Regel gibt, mit der y aus x unmittelbar ableitbar ist.

Def 1.5 $\forall G \varepsilon \Gamma \forall x,y \varepsilon V^* (x \Rightarrow y \leftrightarrow \exists r \varepsilon R (x \underset{r}{\Rightarrow} y))$

Eine Folge von Ketten ω einer Syntax G der Länge n ($n \varepsilon \mathcal{N}; \omega \varepsilon V^{*^{n+}}$) ist genau dann eine Ableitung [der Länge n][von ω_n aus ω_0] in G, wenn es eine Regelfolge ρ der Länge n ($\rho \varepsilon R^{n+\setminus 1}$) in G gibt und, mit Ausnahme des 0-ten Wortes, jedes Wort ω_i von ω mit der i-ten Regel aus dem unmittelbar vorausgehenden (ω_{i-1}) unmittelbar ableitbar ist.

Def 1.6 $\forall G \varepsilon \Gamma \forall n \varepsilon \mathcal{N} \forall \omega \varepsilon V^{*^{n+}} [\forall x,y \varepsilon V^*] (\omega$ Abl [der Länge n][von y aus x] $\leftrightarrow$
$\exists \rho \varepsilon R^{n+\setminus 1} \forall i \varepsilon D(\rho) (\omega_{i-1} \underset{\rho_i}{\Rightarrow} \omega_i \quad [\wedge \omega_0 = x \wedge \omega_n = y]))$ [10]

Im Zusammenhang mit dem Begriff der Ableitung steht eine etwas speziellere Eigenschaft von Regelfolgen, die später noch gebraucht wird. Eine nichtleere Regelfolge ρ korrespondiert einer Wortfolge gleicher Länge, wenn diese eine Ableitung aus $p_1(\rho_1)$ ist, die mit ρ vollzogen werden kann.

Def 1.7
$\forall G \varepsilon \Gamma \forall n \varepsilon \mathcal{N} \forall \rho \varepsilon R^{n+\setminus 1} \forall \omega \varepsilon V^{*^{n+}} (\rho$ korresp. [einer Abl] $\omega \longleftrightarrow \omega_0 = p_1(\rho_1) \wedge \forall i \varepsilon D(\rho) (\omega_{i-1} \underset{\rho_i}{\Rightarrow} \omega_i))$

Eine Kette y ist aus einer Kette x in G genau dann (mittelbar) ableitbar ($x \underset{*}{\Rightarrow} y$), wenn es eine Ableitung von y aus x in G gibt.

Def 1.8 $\forall G \varepsilon \Gamma \forall x,y \varepsilon V^* (x \underset{*}{\Rightarrow} y \leftrightarrow \exists n \varepsilon \mathcal{N} \exists \omega \varepsilon V^{*^{n+}} (\omega$ Abl von y aus x))

Die von einer Syntax G erzeugte Sprache (L(G)) ist gleich der Menge aller Terminalketten, die aus dem Startsymbol von G ableitbar sind.

Def 1.9 $\forall G \varepsilon \Gamma (L(G) = \{x \varepsilon V_T^* \mid S \underset{*}{\Rightarrow} x\})$

Die Definitionen der hier erwähnten Syntaxtypen lauten:

Def 1.10 kf Syntaxen $\forall G \varepsilon \Gamma (G \varepsilon \Gamma_2 \leftrightarrow R \subseteq V_N \times V^*)$

Def 1.11 λ-freie Syntaxen $\forall G \varepsilon \Gamma (G \varepsilon \Gamma_2^{+} \leftrightarrow R \subseteq V_N \times (V^* \setminus \{\lambda\}))$

Def 1.12 expandierende Syntaxen $\forall G \varepsilon \Gamma (G \varepsilon \Gamma_2^{ex} \leftrightarrow R \subseteq (V_N \times V^*) \setminus (V_N \times (V_N \cup \{\lambda\})))$ [11]

Def 1.13 reduzierte Syntaxen
$\forall G \varepsilon \Gamma (G \varepsilon \Gamma_2^{r} \longleftrightarrow G \varepsilon \Gamma_2 \wedge \forall A \varepsilon V_N \exists u,v \varepsilon V^* \exists t \varepsilon V_T^* (S \underset{*}{\Rightarrow} uAv \wedge A \underset{*}{\Rightarrow} t))$ [12]

Def 1.14 reduzierte λ-freie Syntaxen $\forall G \varepsilon \Gamma (G \varepsilon \Gamma_2^{+r} \leftrightarrow G \varepsilon \Gamma_2^{+} \cap \Gamma_2^{r})$

Def 1.15 reduzierte expandierende Syntaxen $\forall G \varepsilon \Gamma (G \varepsilon \Gamma_2^{exr} \leftrightarrow G \varepsilon \Gamma_2^{ex} \cap \Gamma_2^{r})$.

Ein Symbol des Vokabulars einer kf Syntax heißt genau dann terminierbar, wenn aus ihm eine Terminalkette ableitbar ist.

Def 1.16 $\forall G \varepsilon \Gamma_2 \forall x \varepsilon V (x \text{ term} \leftrightarrow \exists w \varepsilon V_T^* (x \underset{*}{\Rightarrow} w))$

Die Menge der terminierbaren Symbole einer kf Syntax ist nach induktiver Definition einer Funktion $T \varepsilon (\text{Pot}(V))^{\mathbb{N}_0}$

Def $\begin{array}{l} T_0 = V_T \\ T_{i+1} = T_i \cup \{A \varepsilon V_N \mid \exists w \varepsilon T_i^* (A \Rightarrow w)\} \end{array}$

durch die Menge T

Def $\forall G \varepsilon \Gamma_2 (T = T_t \leftrightarrow t = \cap \{i \varepsilon \mathbb{N}_0 \mid T_i = T_{i+1}\})$ gegeben.[13]

Th 1.1 $\forall G \varepsilon \Gamma_2 \forall x \varepsilon V (x \text{ term} \leftrightarrow x \varepsilon T)$ [14]

Heißt eine Kette terminierbar, wenn aus ihr eine Terminalkette ableitbar ist

Def 1.17 $\forall G \varepsilon \Gamma_2 \forall x \varepsilon V^* (x \text{ term} \leftrightarrow \exists w \varepsilon V_T^* (x \underset{*}{\Rightarrow} w))$,

dann ist dies aufgrund Th 1.1 auch entscheidbar. Denn eine Kette x ist terminierbar, wenn jedes Symbol, das in x auftritt (trt.a.i. x), terminierbar ist.

Th 1.2 $\forall G \varepsilon \Gamma_2 \forall x \varepsilon V^* (x \text{ term} \leftrightarrow \forall z \varepsilon V (z \text{ trt.a.i. } x \rightarrow z \text{ term}))$[15]

Ein Symbol einer kf Syntax heißt echt terminierbar (term^1), wenn aus ihm eine nichtleere Terminalkette ableitbar ist.

Def 1.18 $\forall G \varepsilon \Gamma_2 \forall x \varepsilon V (x \text{ term}^1 \leftrightarrow \exists w \varepsilon V_T^* \setminus \{\lambda\} (x \underset{*}{\Rightarrow} w))$

Für jedes Symbol einer kf Syntax ist entscheidbar, ob es echt terminierbar ist. Man definiert für jede kf Syntax induktiv eine Funktion $T^1 \varepsilon (\text{Pot}(V))^{\mathbb{N}_0}$

Def $\begin{array}{l} T_0^1 = V_T \\ T_{i+1}^1 = T_i^1 \cup \{A \varepsilon V_N \mid \exists w \varepsilon (T_i^1 \cup T)^* \setminus \{\lambda\} (A \Rightarrow w \wedge \exists z \varepsilon T_i^1 (z \text{ trt.a.i. } w))\}. \end{array}$

T_{i+1}^1 enthält neben T_i^1 die Variablen, die unmittelbar zu nichtleeren Worten über $T_i^1 \cup T$ führen, in denen mindestens ein echt terminierbares Symbol aus T_i^1 vorkommt. Nach Definition von T^1

Def $\forall G \varepsilon \Gamma_2 (T^1 = T_t^1 \leftrightarrow t = \cap \{i \varepsilon \mathbb{N}_0 \mid T_i^1 = T_{i+1}^1\})$ gilt dann

Th 1.3 $\forall G \varepsilon \Gamma_2 \forall x \varepsilon V (x \text{ term}^1 \leftrightarrow x \varepsilon T^1)$.

Aufgrund der Theoreme 1.1 und 1.3 ist dann auch entscheidbar, ob eine Kette echt terminierbar ist

Def 1.19 $\forall G \varepsilon \Gamma_2 \forall x \varepsilon V^* (x \text{ term}^1 \leftrightarrow \exists w \varepsilon V_T^* \setminus \{\lambda\} (x \underset{*}{\Rightarrow} w))$,

denn in einer solchen Kette muß neben terminierbaren Symbolen mindestens ein echt terminierbares auftreten.

Th 1.4
$\forall G \varepsilon \Gamma_2 \forall x \varepsilon V^* (x \text{ term}^1 \leftrightarrow \forall z \varepsilon V(z \text{ trt.a.i. } x \rightarrow z \text{ term}) \wedge \exists u \varepsilon V(u \text{ trt.a.i. } x \wedge u \text{ term}^1))$

2.

Die definitorische Festlegung einer auch für kf Syntaxen adäquaten Rekursionseigenschaft ist, von dem bekannten Rekursionsbegriff ausgehend, ganz einfach zu treffen.

Def $\forall G \varepsilon \Gamma_2 \forall A \varepsilon V_N (A \text{ rek}^{-\lambda r} \leftrightarrow \exists x,y \varepsilon V^* (A \underset{*}{\Rightarrow} xAy \wedge |xy| \geq 1))$[16]

Denn die Existenz einer $\text{rek}^{-\lambda r}$ Variablen in einer kf Syntax ist zwar nicht hinreichend, aber doch notwendig für die Unendlichkeit der von ihr erzeugten Sprache.[17] Folglich muß der gegebene Begriff ($\text{rek}^{-\lambda r}$) nur ausreichend verstärkt werden. Um die Verstärkung zu bemessen, geht man von dem z.B. in [BPS] S.135 geführten Beweis der Behauptung aus, daß die Existenz einer $\text{rek}^{-\lambda r}$ Variablen in einer reduzierten λ-freien Syntax hinreicht für deren Rekursivität. Dann bestimmt man die - zumindest bis auf logische Äquivalenz eindeutig - schwächste, aus der Definition des Syntaxtyps ($\Gamma_2^{-\lambda r}$) und der Definition des Rekursionsbegriffs ($\text{rek}^{-\lambda r}$) folgende Eigenschaft einer Variablen, mit der man, wenn sie für mindestens eine Variable erfüllt ist, den Beweis für kf Syntaxen nachvollziehen kann. Die Existenz eines Hilfssymbols mit der so festgelegten Eigenschaft ist dann für kf Syntaxen nicht nur hinreichend, sondern aufgrund der geforderten Schwäche auch notwendig für die Unendlichkeit der von ihr erzeugten Sprache.

Der o. gen. Beweis wird - grob skizziert - i.a. folgendermaßen geführt: Gibt es in einer reduzierten λ-freien Syntax G ein $\text{rek}^{-\lambda r}$ Symbol A, dann gilt $A \underset{*}{\Rightarrow} xAy$ ($x,y \varepsilon V^*$; $|xy| \geq 1$). Da G reduziert ist, ist A auch S-erreichbar ($S \underset{*}{\Rightarrow} x'Ay'$; $x',y' \varepsilon V^*$), und sowohl die Kontexte als auch A sind terminierbar (x,y,x',y',A term) Sind $t_x, t_y, t_{x'}, t_{y'}, t_A$ entsprechende Terminalketten, folgt zunächst $t_{x'} t_x^i t_A t_y^i t_{y'} \varepsilon L(G)$ ($i \varepsilon \mathbb{N}$). Da G λ-frei ist, kann wegen $|xy| \geq 1$ und xy term xy nicht zu λ terminieren und ist damit echt terminierbar ($xy \text{ term}^1$). Damit ist $|t_x t_y| \geq 1$ und es folgt die paarweise Verschiedenheit der Ausdrücke für $i \neq j$ ($i,j \varepsilon \mathbb{N}$) und damit die Rekursivität von G.

Eine kf Syntax muß also mindestens ein terminierbares Hilfssymbol besitzen, das sich mit echt terminierbarem Kontext selbst erreicht und seinerseits mit terminierbarem Kontext S-erreichbar ist.

Def 2.1 $\forall G \varepsilon \Gamma_2 (G \text{ rek} \leftrightarrow \exists A \varepsilon V_N \exists x,y \varepsilon V^* (A \underset{*}{\Rightarrow} xAy \wedge A \text{ term} \wedge xy \text{ term}^1) \wedge$
$\exists x',y' \varepsilon V^* (S \underset{*}{\Rightarrow} x'Ay' \wedge x'y' \text{ term}))$

Die Definition der entsprechenden Eigenschaft von Hilfssymbolen lautet dann:

Def 2.2 $\forall G \in \Gamma_2 \forall A \in V_N$ $(A \text{ rek} \leftrightarrow \exists x,y \in V^*(A \overset{*}{\Rightarrow} xAy \wedge A \text{ term} \wedge xy \text{ term}^1) \wedge$
$\exists x',y' \in V^*(S \overset{*}{\Rightarrow} x'Ay' \wedge x'y' \text{ term}))$.

Wie oben skizziert, kann dann Th 2.1 bewiesen werden.

Th 2.1 $\forall G \in \Gamma_2 (G \text{ rek} \rightarrow |L(G)| = \aleph_0)$

Da diese Eigenschaft auch die schwächste ist, mit der der Beweis nachvollziehbar ist, gilt dann auch

Th 2.2 $\forall G \in \Gamma_2 (|L(G)| = \aleph_0 \rightarrow G \text{ rek})$ und damit

Th 2 $\forall G \in \Gamma_2 (G \text{ rek} \leftrightarrow |L(G)| = \aleph_0)$.

3.

In diesem Abschnitt soll ein effektives Entscheidungsverfahren zunächst einmal vorbereitet werden. Dabei beschränke ich mich auf den im Definiens von Def 2.1 vorkommenden Begriff der Selbsterreichbarkeit. Ein Entscheidungsverfahren für die S-Erreichbarkeit mit terminierbarem Kontext gewinnt man leicht durch geeignete Kombination der - hinlänglich bekannten - für die Reduzierung von Syntaxen benutzten Verfahren. Man definiert für jede kf Syntax G eine Funktion $E^S \in (\mathrm{Pot}(V_N))^{\mathbb{N}}$ für jedes $i \in \mathbb{N}$ induktiv:

Def
$E^S_1 = \{S\}$
$E^S_{i+1} = E^S_i \cup \{B \in V_N \mid \exists C \in E^S_i \exists x,y \in V^*(C \Rightarrow xBy \wedge xy \text{ term})\}$.

Nach Definition von E^S

Def $E^S = E^S_t \leftrightarrow t = \bigcap \{i \in \mathbb{N} \mid E^S_i = E^S_{i+1}\}$ ist dann

Th $\forall G \in \Gamma_2 \forall B \in V_N$ $(\exists x,y \in V^*(S \overset{*}{\Rightarrow} xBy \wedge xy \text{ term}) \leftrightarrow B \in E^S)$ beweisbar.

Daß sich eine terminierbare Variable einer kf Syntax mit echt terminierbarem Kontext selbst erreicht, liegt natürlich daran, daß in der Syntax Regelfolgen bildbar sind, die aufgrund ganz bestimmter Eigenschaften solche Ableitungen ermöglichen. Für ein Entscheidungsverfahren, bei dem - wie auch sonst bei Erreichbarkeitsfragen üblich - durch eine induktive Definition von Variablenmengen zumindest einige dieser Regelfolgen schrittweise implizit konstruiert und die in jedem Schritt auf die eine oder andere Art erreichbaren Variablen abgearbeitet werden, muß dann zunächst ein Erreichbarkeitsbegriff zugrunde gelegt werden, aus dem sich die Selbsterreichbarkeit als Spezialfall ergibt. Die Definition des stärkeren der dafür in Frage kommenden Begriffe lautet:

Def 3.1 $\forall G \in \Gamma_2 \forall A,B \in V_N$ $(A \rightsquigarrow B \leftrightarrow \exists x,y \in V^*(A \overset{*}{\Rightarrow} xBy \wedge xy \text{ term}^1 \wedge B \text{ term}^1))$.[18]

Hier soll nun zunächst gezeigt werden, daß es für jede kf Syntax G, in der für zwei Variable A,B $A \rightsquigarrow B$ gilt, mindestens eine, eine solche Ableitung gewährleistende Regelfolge gibt, deren Länge einen festen für G bestimmbaren Maximalwert nicht überschreitet. Dadurch hat man die prinzipielle Entscheidbarkeit nachgewiesen und für ein wie oben angedeutet aufgebautes Verfahren, das im Detail in 4. entwickelt werden soll, - bei kleinstmöglichem Maximalwert - den spätestmöglichen Abbruch bestimmt.

Wie man diesen Wert festlegen kann, läßt sich anschaulich am einfachsten an Graphen zeigen. Dazu bestimmt man zunächst die Eigenschaften, die in ihrer Gesamtheit notwendig und hinreichend dafür sind, daß ein Graph mit diesen Eigenschaften eine Ableitung für eine kf Syntax G repräsentiert, die für zwei gegebene Variable A,B die Erreichbarkeit $A \rightsquigarrow B$ sicherstellt. Die Eigenschaften sind unter (1) aufgeführt.

(1) i. Er ist ein Ableitungsbaum für G.
ii. Der Startknoten ist mit A etikettiert.
iii. B ist echt terminierbar.
iv. B ist Etikett eines Endknotens.
v. Alle Etiketten sind terminierbar.
vi. Es gibt mindestens zwei Endknoten mit echt terminierbaren Etiketten.

Ist ein bel. solcher Baum gegeben, dann werden diese Eigenschaften schon von jedem Teilbaum erfüllt, der aus einem vom Startknoten ausgehenden Verbindungsast zu einem mit B etikettierten Endknoten und den von den Knoten dieses Astes direkt dominierten Knoten besteht.[19] Ein solcher Teilbaum erfüllt dann folgende Bedingungen:

(1') i. Er ist ein Ableitungsbaum für G, bei dem, mit Ausnahme der O-ten Ebene (Startknoten), alle Knoten jeder Ebene nur von einem Knoten direkt dominiert werden.
iv. B ist Etikett eines (End-) Knotens der tiefsten Ebene.
(1) ii.,iii.,v.,vi..

Er erfüllt also anstelle von (1)i.,iv. die stärkeren Bedingungen (1')i.,iv. und repräsentiert eindeutig eine Ableitung und eine dieser Ableitung korrespondierende Regelfolge mit den folgenden Eigenschaften:

(2) a) A ist das erste Argument der ersten Regel.
b) B ist echt terminierbar.
c) Die 2-ten Argumente aller Regeln sind terminierbar.
d) Mindestens eine Regel der Folge besitzt ein 2-tes Argument mit mindestens zwei echt terminierbaren Vorkommnissen.
^{1}B) B tritt im 2-ten Argument der letzten Regel auf.
^{2}B) Mit Ausnahme der ersten Regel tritt das erste Argument jeder Regel im 2-ten Argument der unmittelbar vorausgehenden auf.

Aufgrund der unter (1') und (2) genannten Eigenschaften sind für einen solchen Teilbaum, wie auch für eine entsprechende Regelfolge, noch keine festen maximalen Tiefen- bzw. Längenwerte bestimmbar. Eine Festlegung einer adäquaten tiefenbegrenzenden Eigenschaft ist aber möglich durch stärkstmögliche Restriktion der Etikettgleichheit auf dem Ast, der den Startknoten mit einem mit B etikettierten Knoten tiefster Ebene verbindet. Diese ergibt sich, ausgehend von einem Baum mit den unter (1') gen. Eigenschaften, durch eine sukzessive Verkürzung um die durch etikettgleiche Knoten ausgezeichneten Teilbäume, die die i.a. nicht verkürzungsinvarianten Eigenschaften von (1') (außer iii. und v. alle) jeweils auch für die Verkürzung sicherstellt und insgesamt zu dem flachsten Baum führt. Eine Möglichkeit besteht darin, einen Ausgangsbaum auf irgendeine systematische Weise um den größtmöglichen Teilbaum zu verkürzen, der sich vom höheren bis unmittelbar vor den tieferen zweier etikettgleicher Knoten auf dem Ast erstreckt und dabei den höchsten Knoten des Ausgangsbaumes, der mindestens zwei Knoten mit echt terminierbaren Etiketten direkt dominiert, nicht umfaßt. Bei Abbruch hat man dann einen Baum, bei dem die Knoten des Astes, der vom Startknoten bis zu einem mit B etikettierten Knoten tiefster Ebene verläuft, sowohl bis einschließlich des höchsten Knotens, der mindestens zwei Knoten mit echt terminierbaren Etiketten direkt dominiert, als auch danach etikettverschieden sind. (Die Negation dieser Eigenschaft ist also Bedingung für die Verkürzung.) Ein solcher Baum repräsentiert eindeutig eine Regelfolge, die neben den unter (2) schon genannten Eigenschaften zusätzlich die Eigenschaften ^{3}B und ^{4}B besitzt.

^{3}B) Die ersten Argumente der Regeln sind sowohl bis einschließlich der ersten Regel mit mindestens zwei echt terminierbaren Vorkommnissen im 2-ten Argument als auch nach dieser Regel paarweise verschieden.

^{4}B) B kommt nach der ersten Regel mit zwei echt terminierbaren Vorkommnissen im 2-ten Argument nicht mehr als erstes Argument vor.[20]

Aufgrund der zusätzlichen Eigenschaften kann die Tiefe eines solchen Baumes und die Länge einer solchen Regelfolge den Wert $2|V_N|-1$ nicht überschreiten. Das ist der für kf Syntaxen allgemein kleinste Wert, wie das folgende Beispiel zeigt, bei dem die kürzeste Regelfolge, die die Erreichbarkeit $A \rightsquigarrow A$ gewährleistet, genau diesen Längenwert besitzt.

$G=\langle \{A,B,C,a\}, \{a\}, A, \{\langle A,B\rangle,\langle B,C\rangle,\langle C,Ba\rangle,\langle C,A\rangle,\langle A,a\rangle\} \rangle$

$\rho=\{\langle 1,\langle A,B\rangle\rangle,\langle 2,\langle B,C\rangle\rangle,\langle 3,\langle C,Ba\rangle\rangle,\langle 4,\langle B,C\rangle\rangle,\langle 5,\langle C,A\rangle\rangle\}$

Bevor für Regelfolgen mit den Eigenschaften a)-^{4}B) definitorisch der Begriff E-Folge für B aus A eingeführt wird, soll zunächst eine partielle Funktion q definiert werden, die einer Regelfolge einer kf Syntax - falls vorhanden - den Index der ersten Regel der Folge mit mindestens zwei echt terminierbaren Vorkommnissen im 2-ten Argument zuordnet.

$$\overline{\text{Def}}\ \forall G \varepsilon \Gamma_2 \forall n \varepsilon \mathbb{N} \forall \rho \varepsilon R^{n+1} (q(\rho)=\bigcap \{m \varepsilon D(\rho) \mid \exists j,k \varepsilon D(p_2(\rho)) (j \neq k \wedge p_2(\rho)_j \text{ term}^1 \wedge p_2(\rho)_k \text{ term}^1)\})$$

<u>Def 3.2</u> $\forall G\varepsilon\Gamma_2\forall A,B\varepsilon V_N\forall n\varepsilon\mathbb{N}\forall\rho\varepsilon R^{n+\smallsetminus 1}$ (ρ E-Folge für B aus A $\leftrightarrow$

[a] $p_1(\rho_1)=A\ \wedge$ $[^1B]$ B trt.a.i. $p_2(\rho_n)\ \wedge$
[b] B term[1] $\wedge$ $[^2B]$ $\forall i\varepsilon D(\rho)(i>1\rightarrow p_1(\rho_i)$ trt.a.i. $p_2(\rho_{i-1}))\ \wedge$
[c] $\forall i\varepsilon D(\rho)(p_2(\rho_i)$ term$)\ \wedge$ $[^3B]$ $\forall i,j\varepsilon D(\rho)(i>j\wedge q(\rho)\nleq i\smallsetminus j\rightarrow p_1(\rho_i)\neq p_1(\rho_j))\ \wedge$
[d] $q(\rho)\varepsilon\mathbb{N}\ \wedge$ $[^4B]$ $\forall i\varepsilon D(\rho)(i>q(\rho)\rightarrow p_1(\rho_i)\neq B))$[21]

Folglich gilt also

<u>Th 3</u> $\forall G\varepsilon\Gamma_2\forall A,B\varepsilon V_N$ $(A\rightsquigarrow B\leftrightarrow\exists n\varepsilon\mathbb{N}\exists\rho\varepsilon R^{n+\smallsetminus 1}$(ρ E-Folge für B aus A)).

Ausgehend vom reflexiven Sonderfall kann man aus dem Begriff der E-Folge unterschiedlich starke und typisierte Rekursionsfolge- (kurz R-Folge-) Begriffe entwickeln. Eine Variante, mit der auch beweisbar ist, daß eine Variable genau dann rekursiv ist, wenn es eine R-Folge für diese Variable gibt, ist die folgende:

<u>Def 3.3</u> $\forall G\varepsilon\Gamma_2\forall n\varepsilon\mathbb{N}\forall\rho\varepsilon R^{n+\smallsetminus 1}$ (ρ R-Folge $\leftrightarrow$ [S] $\exists x,y\varepsilon V^*(S\Rightarrow_* x p_1(\rho_1)y\wedge xy$ term$)\ \wedge$

$[^1Ba]$ $p_1(\rho_1)$ trt.a.i. $p_2(\rho_n)\ \wedge$ $[^2B]$ $\forall i\varepsilon D(\rho)(i>1\rightarrow p_1(\rho_i)$ trt.a.i. $p_2(\rho_{i-1}))\ \wedge$
[c] $\forall i\varepsilon D(\rho)(p_2(\rho_i)$ term$)\ \wedge$ $[^3B]$ $\forall i,j\varepsilon D(\rho)(i>j\wedge q(\rho)\nleq i\smallsetminus j\rightarrow p_1(\rho_i)\neq p_1(\rho_j))\ \wedge$
[d] $q(\rho)\varepsilon\mathbb{N}\ \wedge$ $[^4B]$ $\forall i\varepsilon D(\rho)(i>q(\rho)\rightarrow p_1(\rho_i)\neq p_1(\rho_1)))$.

Aus Def 2.2, 3.1 und Th 3 folgt dann

<u>Th 3.1</u> $\forall G\varepsilon\Gamma_2\forall A\varepsilon V_N$ (A rek $\leftrightarrow\exists n\varepsilon\mathbb{N}\exists\rho\varepsilon R^{n+\smallsetminus 1}$(ρ R-Folge $\wedge\ p_1(\rho_1)=A$)).

4.

Um für eine bel. Variable A einer kf Syntax zu überprüfen, für welche Variablen B $A\rightsquigarrow B$ gilt, bräuchte man also nur auf irgendeine systematische Art eine Menge von Regelfolgen der Länge 1 - $2|V_N|-1$ konstruieren, die beweisbar alle E-Folgen aus A enthält. Nach Definition der Mengen

<u>Def</u> $E_i(A)=\{B\varepsilon V_N\mid\exists\rho\varepsilon R^{i+\smallsetminus 1}$(ρ E-Folge für B aus A)$\}$ $i=1,..,2|V_N|-1$

hat man dann mit $E(A)=\bigcup_{j=1}^{2|V_N|-1}E_j(A)$ die Menge $\{B\varepsilon V_N\mid A\rightsquigarrow B\}$ erfaßt.

Die für die Entscheidbarkeit vorausgesetzte Regelfolgenkonstruktion könnte man vermeiden, wenn es gelänge, die Mengen $E_i(A)$ $(i=1,..,2|V_N|-1)$ induktiv zu definieren. Um zu überprüfen, ob $E_{i+1}(A)$ $(1\leq i<2|V_N|-1)$ definitorisch auf $E_i(A)$ zurückführbar ist, bestimmt man zunächst die Regelfolgen der Länge i und die Einzelregeln, deren Existenz notwendig und hinreichend für die Existenz einer E-Folge der Länge i+1 für B aus A ist, und legt $E_{i+1}(A)$ dadurch fest. Wenn dann i) die Regelfolgen der Länge i, deren Existenz gefordert ist, auch E-Folgen aus A sind und somit die über diese E-Folgen A-erreichbaren Variablen als Elemente von $E_i(A)$ zur Verfügung stehen und ii) die Zulässigkeit der Einzelregeln allein mit Bezug auf $E_i(A)$ spezifizierbar ist, dann ist eine Umwandlung möglich.

$E_{i+1}(A) = \{B \varepsilon V_N \mid$

1.a. $\exists C \varepsilon V_N \exists \rho \varepsilon R^{i+\setminus 1} \Big(p_1(\rho_1)=A \wedge \forall j \varepsilon D(\rho)(p_2(\rho_j) \text{ term}) \wedge {}^2B(\rho) \wedge$
$\quad C \text{ trt.a.i. } p_2(\rho_i) \wedge q(\rho) \varepsilon N \wedge C \text{ term}^1 \wedge$

b. ${}^3B(\rho) \wedge {}^4B(\rho) \wedge$

c. $\exists x,y \varepsilon V^*(C \rightarrow xBy \wedge xy \text{ term} \wedge B \text{ term}^1) \wedge$
$[=: \exists r \varepsilon R(p_1(r)=C \wedge \exists x,y \varepsilon V^*(p_2(r)=xBy \wedge xy \text{ term} \wedge B \text{ term}^1))]$

d. $\forall j \varepsilon D(\rho)(j>q(\rho) \rightarrow C \neq p_1(\rho_j)) \wedge \forall j \varepsilon D(\rho)(j>q(\rho) \rightarrow B \neq p_1(\rho_j) \wedge C \neq B)) \vee$

2.a. $\exists C \varepsilon V_N \exists \rho \varepsilon R^{i+\setminus 1} \Big(p_1(\rho_1)=A \wedge \forall j \varepsilon D(\rho)(p_2(\rho_j) \text{ term}) \wedge {}^2B(\rho) \wedge$
$\quad C \text{ trt.a.i. } p_2(\rho_i) \wedge C \text{ term}^1 \wedge$

b. $\rho \notin D(q) \wedge \forall j,k \varepsilon D(\rho)(j \neq k \rightarrow p_1(\rho_j) \neq p_1(\rho_k)) \wedge$

c. $\exists x,y \varepsilon V^*(C \rightarrow xBy \wedge xy \text{ term}^1 \wedge B \text{ term}^1) \wedge$
$[=: \exists r \varepsilon R(p_1(r)=C \wedge \exists x,y \varepsilon V^*(p_2(r)=xBy \wedge xy \text{ term}^1 \wedge B \text{ term}^1))]$

d. $\forall j \varepsilon D(\rho)(C \neq p_1(\rho_j)))\}$

Diese Festlegung von $E_{i+1}(A)$ erfüllt beide Voraussetzungen nicht.

i. Da nicht jedes (nichtleere) Anfangsstück einer E-Folge wieder eine E-Folge sein muß, würde man auch die Variablen als Elemente der i-ten Menge benötigen, die über potentielle Anfangsstücke, für die q keinen Wert liefert, A-erreichbar sind (2.a.,b.).[22] Diese Variablen müßten von den schon über E-Folgen der Länge i A-erreichbaren (1.a.,b.), also den Elementen von $E_i(A)$, z.B. durch eine Markierung unterschieden werden. Denn schon der Schritt, der von den Elementen einer adäquaten i-ten Menge zu der Teilmenge der i+1-sten Menge führt (c.,d.), die die über E-Folgen der Länge i+1 A-erreichbaren Variablen enthält ($E_{i+1}(A)$), ist je nach Voraussetzung unterschiedlich aufgebaut.

ii. Man benötigt zumindest Informationen über die ersten Argumente der Regeln jeder Folge, über die eine Variable $p_1(\rho_{l(\rho)+1})$ bzw. eine dann markierte Variable $p_1(\rho_1)$ (=A) -erreichbar ist, um ${}^3B$ und ${}^4B$ nach und ${}^3B$ bis zu der $q(\rho)$-ten Regel kontrollieren zu können, was allein mit Bezug auf $E_i(A)$, selbst im Fall 1., unmöglich ist.

Folglich sind neue für die Umwandlung geeignete Mengen $F_i(A)$ $(i=1,..,2|V_N|-1)$ so festzulegen, daß zumindest E(A) noch eindeutig bestimmbar bleibt.

Ad ii. Zunächst schwächt man am besten die definierenden Bedingungen der Mengen $E_i(A)$ (Existenz einer E-Folge der Länge i aus A) ab, indem man auf die Bedingungen ${}^3B$ und ${}^4B$ verzichtet. Dadurch hat man

a. alle E-Folgen mit erfaßt,
b. keine zusätzlichen Variablen erfaßt, weil jede die abgeschwächte Bedingung erfüllende Regelfolge, über die eine Variable B A-erreichbar ist, zu einer E-Folge für B aus A verkürzbar ist (vgl. 3.),
c. sich die eigentlich notwendige Kontrolle dieser Eigenschaften erspart (d.).

(•) $\{B \varepsilon V_N \mid \exists \rho \varepsilon R^{i+\setminus 1} \Big(p_1(\rho_1)=A \wedge \forall j \varepsilon D(\rho)(p_2(\rho_j) \text{ term}) \wedge q(\rho) \varepsilon N \wedge$
$\quad {}^2B(\rho) \wedge B \text{ trt.a.i. } p_2(\rho_i) \wedge B \text{ term}^1 \Big)\} \qquad i=1,..,2|V_N|-1$

Ad i. Für die unter (•) gegebenen Mengen benötigt man - besonders markiert -

die Variablen, die über potentielle Anfangsstücke solcher Regelfolgen, für die q keinen Wert liefert, A-erreichbar sind. Da es für das Problem irrelevant ist, ob man die Variablen der unter (•) gegebenen Mengen nochmal markiert zur Verfügung hat, reichen dafür die um $q(\rho)\in\mathcal{N}$ abgeschwächten Bedingungen von (•) aus. Nach Definition einer Funktion $|$ $(\forall G\in\Gamma_2(|\in V_N\times\{1\}^{V_N})$; in der Notation A' statt $|(A)$)

<u>Def</u> $\forall G\in\Gamma_2\forall A\in V_N\,(A'=\langle A,1\rangle)$ ist dann

<u>Def</u> $F_i(A)=(\bullet)\cup\{B'\in R(|)\mid \exists\rho\in R^{i+\smallsetminus 1}\left(\begin{array}{l} p_1(\rho_1)=A \wedge \forall j\in D(\rho)\,(p_2(\rho_j)\text{ term}) \wedge \\ {}^{1}B(\rho) \wedge B \text{ trt.a.i. } p_2(\rho_i) \wedge B \text{ term}^1 \end{array}\right)\}$

und $E(A)=\bigcup_{j=1}^{2|V_N|-1} F_j(A)\cap V_N$.

Wandelt man die Definition von $F_{i+1}(A)$ $(1\leq i<2|V_N|-1)$, wie für $E_{i+1}(A)$ geschehen, um, dann ist die Menge der Variablen durch 1.a.,c. und 2.a.,c. und die der indizierten Variablen durch 2.a.,1.c. festgelegt. Da nach Definition von $F_i(A)$ für eine Variable C, die über eine Regelfolge gemäß 1.a. A erreichbar ist, $C\in F_i(A)$ gilt und für eine Variable, die über eine Regelfolge gemäß 2.a. A-erreichbar ist, $C'\in F_i(A)$ gilt, kann man $F_{i+1}(A)$ mit Hilfe von $F_i(A)$ definieren und erhält nach Vereinfachung der Definition von $F_1(A)$ (IA) folgende induktive Definition:[23]

<u>Def</u>

$$F_1(A)=\begin{array}{l}\{B'\in R(|)\mid \exists x,y\in V^*(A\Rightarrow xBy \wedge xy\text{ term} \wedge B\text{ term}^1)\}\cup\\ \{B\in V_N\mid \exists x,y\in V^*(A\Rightarrow xBy \wedge xy\text{ term}^1 \wedge B\text{ term}^1)\}\end{array}$$

$$F_{i+1}(A)=\begin{array}{l}\{B'\in R(|)\mid \exists C'\in F_i(A)\exists x,y\in V^*(C\Rightarrow xBy \wedge xy\text{ term} \wedge B\text{ term}^1)\}\cup\\ \left\{B\in V_N \,\middle|\, \begin{array}{l}\exists C'\in F_i(A)\exists x,y\in V^*(C\Rightarrow xBy \wedge xy\text{ term}^1 \wedge B\text{ term}^1)\vee\\ \exists C\in F_i(A)\exists x,y\in V^*(C\Rightarrow xBy \wedge xy\text{ term} \wedge B\text{ term}^1)\end{array}\right\}.\end{array}$$ [24]

Da die gesuchte Menge eine Vereinigungsmenge ist, kann man die Vereinigungsmengenbildung gleich mit in den IS einbauen (der IA bleibt ja gleich). Man definiert dann Mengen $R_{i+1}(A)=\bigcup_{j=1}^{i+1}F_j(A)$ $[=R_i(A)\cup F_{i+1}(A)]$. Den Bezug auf die Menge $F_i(A)$ im Definiens von $F_{i+1}(A)$, die dann nicht mehr als konstruierte Menge zur Verfügung steht, kann man umgehen, indem man $R_i(A)$ für $F_i(A)$ ersetzt, denn die Elemente von $V_N\cup R(|)$, die das Verfahren für $R_i(A)\smallsetminus F_i(A)$ $[=R_{i-1}(A)]$ $(i>1)$ liefert, liegen ohnehin schon in $R_i(A)$.

<u>Def</u>

$$R_1(A)=\begin{array}{l}\{B'\in R(|)\mid \exists x,y\in V^*(A\Rightarrow xBy \wedge xy\text{ term} \wedge B\text{ term}^1)\}\cup\\ \{B\in V_N\mid \exists x,y\in V^*(A\Rightarrow xBy \wedge xy\text{ term}^1 \wedge B\text{ term}^1)\}\end{array}$$

$$R_{i+1}(A)=R_i(A)\cup\begin{array}{l}\{B'\in R(|)\mid \exists C'\in R_i(A)\exists x,y\in V^*(C\Rightarrow xBy \wedge xy\text{ term} \wedge B\text{ term}^1)\}\cup\\ \left\{B\in V_N \,\middle|\, \begin{array}{l}\exists C'\in R_i(A)\exists x,y\in V^*(C\Rightarrow xBy \wedge xy\text{ term}^1 \wedge B\text{ term}^1)\vee\\ \exists C\in R_i(A)\exists x,y\in V^*(C\Rightarrow xBy \wedge xy\text{ term} \wedge B\text{ term}^1)\end{array}\right\}\end{array}$$

Um das Verfahren für die Fälle zu vereinfachen, in denen die Menge $R_{2|V_N|-1}(A)$ schon durch eine vorher konstruierte gegeben ist, legt man den Abbruch unabhängig von dieser Menge fest. Ist $R(A)$ die gesuchte Abbruchsmenge $(R(A)=R_{2|V_N|-1}(A))$, $t=\bigcap\{i\in\mathcal{N}\mid R_i(A)=R(A)\}$ und $t<2|V_N|-1$, dann gilt folgendes:

a. Alle ab der $2|V_N|-1$-ten Menge konstruierten Mengen sind gleich, weil es
   i. für jede Variable B, für die $A \leadsto B$ gilt, eine E-Folge für B aus A gibt und
   ii. für jede echt terminierbare Variable B, die nur mit einem zu λ terminierbaren Kontext über eine Ableitung einer Länge >0 aus A ableitbar ist, ein potentielles (nicht in $D(q)$ liegendes) Anfangsstück einer E-Folge einer Länge $\leq |V_N|$ gibt, über die sie A-erreichbar ist.

b. Da jede Menge Teilmenge der Nachfolgermenge ist, gilt auch $R_t(A)=R_{t+1}(A)$.

c. Ist $t>1$, dann müssen alle bis zum t-ten Schritt konstruierten Mengen paarweise verschieden sein. Denn aus $R_j(A)=R_{j+1}(A)$ $(j<t)$ folgt auch $R_j(A)=R_t(A)$ und damit, im Widerspruch zur Annahme, $R_j(A)=R(A)$.

Also ist $R(A)=R_t(A) \leftrightarrow t=\bigcap\{i\in N \mid R_i(A)=R_{i+1}(A)\}$ [25] und es folgt zunächst

<u>Th 4</u> $\forall G\in\Gamma_2 \forall A,B\in V_N (A \leadsto B \longleftrightarrow B\in R(A))$ und dann auch mit

<u>Th 4.1</u> $\forall G\in\Gamma_2 \forall A\in V_N (A \text{ rek} \longleftrightarrow A\in E^S \cap R(A))$ und

<u>Th 4.2</u> $\forall G\in\Gamma_2 (G \text{ rek} \leftrightarrow \exists A\in V_N (A\in E^S \cap R(A)))$

die effektive Entscheidbarkeit der Rekursivität von Variablen bzw. kf Syntaxen.

5.

Abschließend soll jetzt noch kurz kontrolliert werden, welche der Eigenschaften einer kf Syntax, die deren Rekursivität im einzelnen bedingen, bei dem gewöhnlichen Entscheidungsverfahren für die konstruierten Syntaxen stärkerer Typen verloren gehen können. Dadurch kann man den möglichen Verlust an Information über die in der ursprünglichen Syntax vorliegenden Verhältnisse - zumindest für die gewöhlichen Konstruktionsverfahren - bemessen.

a) Reduziert man eine kf Syntax G $(L(G)\neq\emptyset)$ zu G' [26], dann sind alle Regelfolgen (die Ableitungen korrespondieren), die die Rekursivität einer Variablen gewährleisten, auch in G' bildbar, da Regeln, die nicht S-erreichbare oder nicht terminierbare Variable enthalten, in solchen Regelfolgen nicht vorkommen können. Wegen $R' \subseteq R$ sind in G' nicht Regelfolgen bildbar, die nicht auch in G bildbar sind.

b) Konstruiert man für eine kf Syntax G eine λ-freie G' $(L(G)\setminus\{\lambda\}=L(G'))$ [27], dann können die Mengen der R-Folgen verschieden sein. Eine R-Folge von G kann Regeln enthalten, in deren rechten Ketten u.a. auch nur zu λ terminierbare Variable auftreten. Diese Folge ist in G' keine R-Folge mehr, denn diese Variablen sind in G' nicht mehr terminierbar. Eine R-Folge von G' muß nicht R-Folge in G sein, da diese Regeln enthalten kann, die in R nicht vorkommen. Die Mengen der rekursiven Variablen sind aber gleich. Für jede R-Folge einer Variablen in G gibt es eine entsprechende mit möglicherweise geeignet verkürzten 2-ten Argumenten in G'. (Diese erhält man, wenn man alle nur zu λ terminierbaren Variablen in den 2-ten Argumenten eliminiert.) Für jede R-Folge ρ in G' gibt es eine entsprechende in G. Diese erhält man, wenn man jede Regel von ρ durch eine bel. der Regeln von G ersetzt, aus denen sie nach dem Verfahren konstruierbar ist.

c) Konstruiert man für eine λ-freie Syntax G eine expandierende G' $(L(G)=L(G'))$, dann können Variable die Rekursionseigenschaft verlieren.[28] Bsp.:
$G=\langle V,V_T,A,R\rangle$, $V=\{A,B,C,a,b,c\}$, $V_T=\{a,b,c\}$, $R=\{\langle A,BC\rangle,\langle B,A\rangle,\langle A,a\rangle,\langle B,b\rangle,\langle C,c\rangle\}$,
$G'=\langle V,V_T,A,R'\rangle$, $R'=\{\langle A,BC\rangle,\langle B,BC\rangle,\langle B,a\rangle,\langle A,a\rangle,\langle B,b\rangle,\langle C,c\rangle\}$.

Während in G A und B rekursiv sind, ist es in G' nur noch B.
Die Variablen, die in G' rekursiv sind, sind dies aber auch in G. Denn jede unmittelbare Erreichbarkeit, die die in G' zusätzlich vorhandenen Regeln gewährleisten, wird in G über Regelfolgen, also mittelbar, gewährleistet.

Bei Normalisierung kf Syntaxen[29], die für das gewöhnliche Entscheidungsverfahren nicht erforderlich ist, können dann zusätzlich neue Variable rekursiv werden.

Anmerkungen

† Bei diesen Bemerkungen handelt es sich um dem Kolloquiumsvortrag zugrunde liegende Ausschnitte einer längeren Darstellung mit dem Titel 'Rekursionseigenschaften kontextfreier Syntaxen', deren Erscheinen an dieser Stelle aus Platzgründen nicht möglich war. Dort sind auch die einschlägigen Theoreme etwas präziser bewiesen, worauf hier verzichtet werden mußte.

1 In Anlehnung an Chomsky/Miller, vgl. [CM] S.290.

2 Vgl. z.B. [BPS] S.134f., [KPS] S.115ff..

3 Bei dieser handelt es sich eigentlich um eine 2st. Relation. Vgl. auch Anm. 2. (Definition in 2.)

4 Vgl. Anm. 2.

5 Vgl. [KPS] S.115.

6 Eine solche ist erforderlich, weil die Syntaxtypen in Anlehnung an die Literatur als mengentheoretische Prädikate eingeführt werden.

7 Def $\forall x(x^{+}=\{y \mid y \varepsilon x \vee y=x\})$ Def $\mathbb{N}=\bigcap\{A \mid \emptyset \varepsilon A \wedge \forall x \varepsilon A(x^{+} \varepsilon A)\}$

8 Die Varianten sind durch die unterschiedliche Typisierung unterscheidbar.

9 p_1 und p_2 sind Projektionen. Wenn keine Mißverständnisse möglich sind, wird die Quadrupelangabe '$\langle V,V_T,S,R\rangle$' immer durch 'G' ersetzt und für Ketten die objektsprachliche Schreibweise gewählt. Insbesondere wurde weitgehend unberücksichtigt gelassen (z.T. auch bei den folgenden Definitionen und Theoremen!), daß bei Rekonstruktion von Zeichenreihen als Folgen nicht $V \subseteq V^*$ gilt. Ein bei definitorisch eingeführten Begriffen notwendiger G-Index wird i.d.R. weggelassen. (Durch die Quantifikation über G bei der Einführung wird ersichtlich, daß einer erforderlich wäre.)

10 D gibt den Argumentbereich und R den Wertebereich einer 2st. Relation an.

11 Expandierende kf Syntaxen enthalten keine unitären Regeln und keine Tilgungsregeln.

12 Variable reduzierter kf Syntaxen sind S-erreichbar und terminierbar.

13 Bei den auf einer induktiven Mengenkonstruktion basierenden Entscheidungsverfahren wird die Funktion und die definierte Abbruchsmenge immer jeweils durch dasselbe Symbol bezeichnet.

14 Vgl. z.B. [BPS] S.133f..

15 Def $\forall V \forall x \varepsilon V \forall y \varepsilon V^*(x \text{ trt.a.i. } y \leftrightarrow \exists i \varepsilon D(y)(y_i=x))$. Der im folgenden auch noch verwendete Begriff des Auftretens einer Kette in einer Kette ist nach Definition der Verkettungsoperation
Def $\forall V \forall x,y \varepsilon V^*(x^\frown y=x \cup \{\langle i+|x|,y_i\rangle \mid i \varepsilon D(y)\})$ durch
Def $\forall V \forall x,y \varepsilon V^*(x \text{ trt.a.i. } y \leftrightarrow \exists u,z \varepsilon V^*(y=u^\frown x^\frown z))$ festgelegt.

16 Vgl. [KPS] S.115.

17 Vgl. [BPS] S.135.

18 In der Definition ist für B echte Terminierbarkeit gefordert, weil im Spezialfall A=B aus xy $term^1$ und A term zunächst xAy $term^1$ und wegen $A \Rightarrow^* xAy$ diese dann auch für A folgt. Genausogut hätte man natürlich auch die schwächere Forderung der Terminierbarkeit beibehalten können.

19 Daß ein solcher Teilbaum noch mindestens zwei Endknoten mit echt terminierbaren Etiketten besitzt, liegt daran, daß der Ausgangsbaum mindestens einen Knoten haben muß, der mindestens zwei Knoten mit echt terminierbaren Etiketten direkt dominiert. (Würde das nicht gelten, gäbe es höchstens einen Endknoten mit echt terminierbarem Etikett.) Da der oberste Knoten, für den das gilt, eindeutig bestimmt ist, ist dadurch zugleich eindeutig ein Teilbaum ausgezeichnet, der diesen Knoten als Startknoten besitzt. B als echt terminierbare Variable muß Etikett eines Endknotens dieses Teilbaums sein. (Andernfalls müßte, entgegen der Annahme, schon ein höher liegender Knoten mindestens zwei Knoten mit echt terminierbaren Etiketten (direkt) dominieren.) Folglich liegt dieser höchste Knoten auf einem Ast, der den Startknoten mit einem mit B etikettierten Endknoten verbindet. Und ein von diesem höchsten Knoten direkt dominierter Knoten gehört neben dem mit B etikettierten zu den Endknoten mit echt terminierbaren Etiketten.

20 Die Eigenschaft des neu konstruierten Baumes ist auf Regelfolgen nicht so glatt überführbar, weil der mit B etikettierte Knoten der tiefsten Ebene einem Vorkommnis im 2-ten Argument der letzten Regel einer Regelfolge entspricht, die der Baum repräsentiert.

21 Sind i,j Indizes einer E-Folge ρ $(i>j)$, dann liegt in $i \setminus j$ $\{m \in \mathbb{N} \mid j \leq m < i\}$. Ist $q(\rho) \notin i \setminus j$, gilt entweder $q(\rho) < j < i$ oder $q(\rho) \geq i > j$.

22 Da bis einschließlich der $q(\rho)$-ten Regel einer E-Folge ρ alle ersten Argumente paarweise verschieden sind, gilt für ein solches Anfangsstück ρ' statt $'B$ und ^{1}B $\forall i,j \in D(\rho')(i \neq j \rightarrow p_1(\rho'_i) \neq p_1(\rho'_j))$.

23 IA und IS sind Abkürzungen für Induktionsanfang und -schritt.

24 Zur Entscheidbarkeit der Terminierbarkeit bzw. echten Terminierbarkeit von Symbolen und Ketten vgl. Th 1.1-1.4.

25 Man arbeitet mit diesem Verfahren eigentlich nur noch die jeweils kürzesten E-Folgen aus A ab, vorausgesetzt hier gilt eine E-Folge der Länge i+1 für B aus A ($i>0$; $R_1(A)=\emptyset$ gesetzt) als implizit abgearbeitet, wenn $B \in R_{i+1}(A) \setminus R_i(A)$ gilt.

26 Vgl. z.B. [M] S.36.

27 Vgl. z.B. [BPS] S.129.

28 Vgl. z.B. [KPS] S.108.

29 Vgl. z.B. [M] S.43.

Literatur

[BPS] BAR-HILLEL, Yehoshua / PERLES, Micha / SHAMIR, Eliyahu "On formal properties of simple phrase structure grammars". BAR-HILLEL, Yehoshua (64): Language and information. Reading etc.: Addison-Wesley: 116-150

- Zuerst in: Zeitschrift für Phonetik, Sprachwissenschaft und Kommunikationsforschung 14: 143-172

[CM] CHOMSKY, Noam / MILLER, George A. "Introduction to the formal analysis of natural languages". LUCE, R. Duncan / BUSH, Robert R. / GALANTER, Eugene (eds.) (63): Handbook of mathematical psychology. II. New York: Wiley: 269-321

[KPS] KRATZER, Angelika / PAUSE, Eberhard / STECHOW, Arnim von (73): Einführung in Theorie und Anwendung der generativen Syntax. I: Syntaxtheorie. Frankfurt/M.: Athenäum

[M] MAURER, Hermann (69): Theoretische Grundlagen der Programmiersprachen. Mannheim: BI

CHART PARSING AND THE EARLEY ALGORITHM

James Kilbury

Chart parsing and the algorithm of Earley are topics of considerable current interest, but they seldom are discussed explicitly in relation to each other. The aim of this paper is to present the Earley algorithm as a particular kind of chart parser and then to compare it with a modified algorithm that is closely related but apparently has not been presented elsewhere in the literature on parsing. In the course of this discussion special attention will be directed at a series of fundamental distinctions that constitute the basis for a new parser conception.

For workers in the area of computational linguistics the distinction between a grammar and a parser may well seem obvious, but we nevertheless can observe widespread confusion regarding these notions. The growing importance of natural language computer systems has brought people into contact with parsing who have little understanding of computational linguistics. Typical of the misunderstandings that arise is the question of the representative of a major computer company who wanted a new parser and wondered whether Generalized Phrase Structure Grammar or Lexical Functional Grammar would be faster. Such confusion is not surprising in the light of earlier ad hoc systems that indiscriminately mix linguistic data with algorithms.

Other misunderstandings are more subtle. One often hears people speak of "writing a Definite Clause Grammar parser," but aside from trivial syntactic conveniences, the PROLOG system itself is the parser, and what has been written is a grammar in a special formalism for PROLOG. In ATN parsers and the WASP parser of Marcus the distinction of grammar and parser is maintained but blurred in a curious way: categories of the parser itself are carried over into the grammar, so that the grammatical formalism resembles an assembler language in its orientation to the processor.

A clear conceptual distinction between grammar and parser can be achieved if the parser is "driven" by the grammar as its knowledge base. Obviously, this permits different grammars to be used with the same parser. Linguistic descriptions can be utilized better in developing a natural language system, and in particular, a practical division of labor is made possible, since linguists can write the grammar with no knowledge of programming and, in principle, little or no knowledge of the parser that is to use the grammar.

Such a conceptual modularization has not only the practical advantages mentioned above but also theoretical advantages. The grammar is independent of the parser in the sense that it can fully utilize categories of theoretical linguistics rather than categories dictated by the processor. On the other hand, if the mathematical properties of the grammatical formalism are sufficiently clear, then it is possible to see the interdependence of the grammar and parser in terms of the Chomsky hierarchy according to which each type of Chomsky grammar has a corresponding automaton which is just powerful enough to recognize or parse the corresponding language.

The viewpoint adopted here regards the parser as a processor which interprets the grammar as its program:

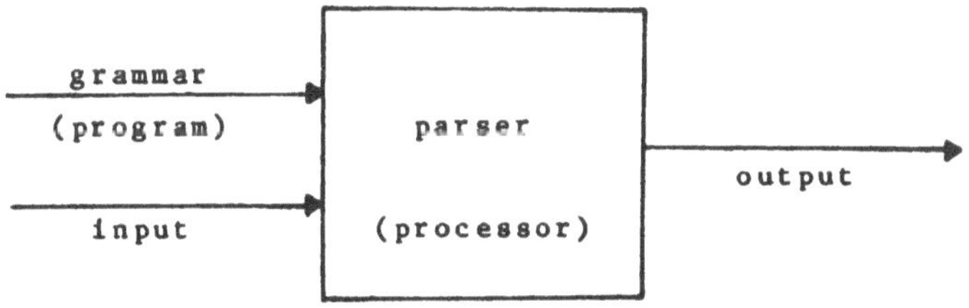

In practice, of course, we implement a virtual processor rather than constructing a specialized hardware parser:

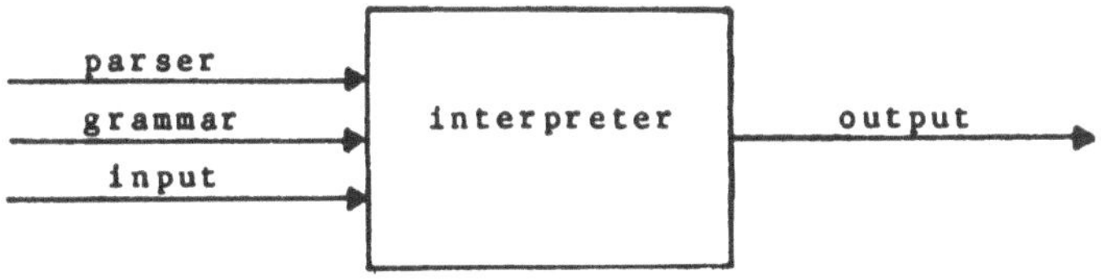

The grammar and parser remain clearly distinct, however.

Given this viewpoint, the grammatical formalism is of central importance. Its role is described in an unpublished work by Gazdar et al.:

> A grammatical framework can and should be construed as a formal language for specifying grammars of a particular kind. The syntax and, more importantly, the semantics of that formal language constitute the substance of the theory or theories embodied in the framework.

Stated in computational terms, a grammatical formalism amounts to a (higher) programming language in which programs (i.e. grammars) are written. It may show an arbitrary degree of abstraction from the processor and may be either interpreted or - with the expected gains in run-time efficiency - compiled.

To serve as the definition of a programming language the syntax and semantics of the grammatical formalism must be entirely explicit, as is proposed by Gazdar et al. This is an obvious prerequisite for implementation but also brings additional advantages: ad hoc interpretations of the theory can be avoided in the implementation, and - above all - the relation of the parser to a particular linguistic theory is made explicit.

The Earley algorithm is of interest here because it exemplifies a strict conceptual distinction between grammar and parser. Before we turn to the algorithm itself we should briefly consider what a parser does (cf VARILE 1983). A parser performs an incremental analysis of a sentence or text and produces a syntactic analysis as its output. At many points in the analysis the parser must deal with alternatives - either in the parts already analyzed or in those to follow, and a general mechanism to deal with the alternatives is required. One possibility is backtracking, in which the individual alternatives are explored sequentially. The main disadvantage of backtracking is that earlier results may be lost, so that a considerable amount of work may be repeated in exploring the successive alternatives. Another possibility is to keep a record of all alternatives as they appear in order to avoid repeating previous work. To keep such a record during the computational process a suitable data structure is required.

Essentially the same data structure was proposed for this purpose by different researchers around 1970. Within computational linguistics, Kay and Kaplan introduced the notion of a chart (cf WINOGRAD 1983, VARILE 1983, and THOMPSON 1981 for literature and an explanation of charts), while Earley (cf EARLEY 1970 and AHO/ULLMAN 1972) developed ideas current in the syntactic analysis of formal languages to formulate his notion of an item.

The chart (or well-formed substring table) is designed precisely to store intermediate results of the parsing process. It is a graph consisting of nodes (or vertices) connected by a set of arcs (or edges). The vertices are numbered and correspond to the positions before or after words of the input string; as ends of an edge they indicate the extent of a grammatical constituent. Edges are labelled and bear information about the constituent. The following figure may serve as a simple example:

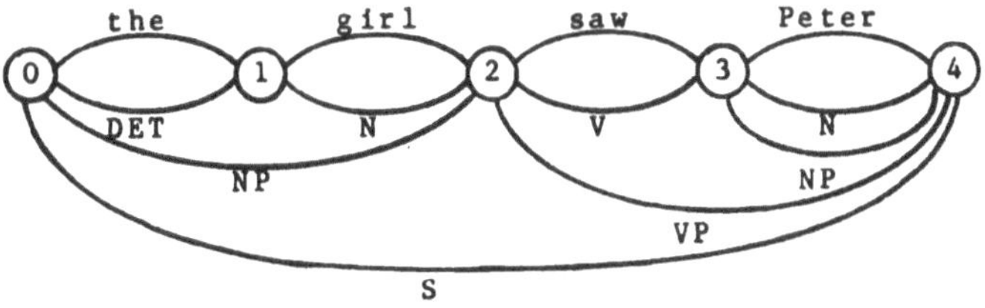

In the approach of Earley an edge corresponds to an item and a chart to a set of items. Unfortunately, the notations used by EARLEY (1970) and AHO/ULLMAN (1972: 320ff) somewhat obscure the relation of edges to items. The notation of SHIEBER (1984) is clearer but also does not indicate the extent of an edge in the notation for the corresponding item. In the present paper an item is defined as a pentuple [i, j, A, α, β] where

- i and j are the numbers of the vertices that begin and end the edge, respectively,
- A is the LHS of a production with $\alpha\beta$ as corresponding RHS,
- α is the string of daughters of A that have been recognized, and
- β is the string of daughters of A that remain to be recognized.

The same item is represented as [A --> $\alpha . \beta$, i] $\in I_j$ by Aho/Ullman and as [A, α, β, i] $\in I_j$ by Shieber.

In the general case the item [i, j, A, α, β] corresponds to an active edge. When i = j and $\alpha = \varepsilon$ (the empty string) no daughter of A has as yet been recognized. When $\beta = \varepsilon$ all the daughters of A have been recognized, and the item corresponds to an inactive edge.

Strictly speaking, the items described here are for recognition rather than parsing. For the latter the items can be augmented with syntax trees or derivational information, semantic representations, etc.

Although the item or chart as data structure shapes the parser in a fundamental way, the data structure must be clearly distinguished from the parsing algorithm just as the parser is distinguished from the grammar. Some confusion may arise here because of the customary terminology, which allows parsers to be designated in various ways: the expressions "top-down parser" and "left-corner parser" refer to algorithmic strategies, while "chart parser" refers to the data structure. This must be stressed because distinct or even radically different algorithms can use the same chart or item as data structure, as the remainder of this paper will illustrate. Two algorithms will be presented that operate by constructing sets of items, and the first of these is the Earley algorithm itself.

The algorithm of Earley embodies a combination of top-down and bottom-up strategies with the chart-type data structure in an entirely novel way. It is considered to be the most efficient practical algorithm known for parsing context-free languages, although the efficiency calculation largely rests on the worst-case analysis that has been criticized by SLOCUM (1981) as misleading for natural-language parsing. The comparison of parsing algorithms with respect to their efficiency remains a largely open question, as we shall see below.

Earley's algorithm has recently received renewed attention in computational linguistics because of the present interest in restricted syntax formalisms with more or less context-free power (cf PULMAN 1983 and SAMPSON 1983). SHIEBER (1984) has adapted the Earley algorithm to the immediate dominance/linear precedence formalism of Generalized Phrase Structure Grammar.

The algorithm is driven by a context-free grammar G = <N, T, P, S>, where N, T, and P are finite, nonempty sets of nonterminal symbols, terminal symbols, and productions, respectively, and S is a start symbol in N. A production is a pair <A, α> (normally written A --> α) where A is a nonterminal symbol and α is a string of terminals and nonterminals.

The algorithm may be sketched informally. The item set is initialized with an item indicating that the start symbol is sought but that nothing has yet been identified; items for all the possible constituents that can immediately follow (i.e. all the "left corners" of S) are generated by the predictor using information from the grammar. The input string is then processed sequentially from left to right. In each step the next terminal symbol is read. Whenever a constituent - be it a terminal or nonterminal symbol - is identified the completer extends active edges (i.e. items) requiring the identified constituent, while the predictor creates new active edges for all the possible constituents that can immediately follow. An input of length n is recognized (or with a slight extension of the algorithm, parsed) if there is at least one inactive S-edge extending from 0 to n, i.e. if the item set contains an item of the form [0, n, S, α, ε] after the input has been processed.

Various formal statements of the algorithm exist. The version of EARLEY (1970: 97) is not generally quoted, while the widespread formulation of AHO/ULLMAN (1972: 321) is remarkably inelegant because of its lack of generality. The following formulation captures a generalization of Earley's scanner (completion with terminal symbols) and his completer (completion with nonterminal symbols). Note that ε is the empty string and that Aα and αA are catenations of the string α with the terminal or nonterminal symbol A.

```
program PARSE a_1...a_n:
begin
CLOSURE for [0, 0, S, ε, S];
for i = 1 to n do CLOSURE for [(i-1), i, a_i, a_i, ε]
end;
```

```
procedure CLOSURE for [i, j, B, γ, δ]:
begin
if [i, j, B, γ, δ] ∉ I then
   begin
   add [i, j, B, γ, δ] to I;
   if δ = ε then COMPLETE with [i, j, B, γ, ε]
            else PREDICT  with [i, j, B, γ, δ]
   end
end;

procedure COMPLETE with [j, k, B, γ, ε]:
begin
for each [i, j, A, α, Bβ] ∈ I do CLOSURE for [i, k, A, αB, β]
end;

procedure PREDICT with [i, j, A, α, Bβ]:
begin
for each <B, γ> ∈ P do CLOSURE for [j, j, B, ε, γ]
end.
```

The operation of the algorithm can be illustrated with the grammar G = <N, T, P, S> with N = {S, NP, VP}, T = {det, n, adv, v}, and the following productions in P:

```
S  --> NP VP
NP --> det n
NP --> n
VP --> VP adv
VP --> v NP
VP --> v
```

For the input string w = det⌢n⌢v⌢adv the algorithm generates the following items. Numbers following some items indicate the items with which they arise through completion.

```
1  [0, 0, S, ε, S]
2  [0, 0, S, ε, NP⌢VP]
3  [0, 0, NP, ε, det⌢n]
4  [0, 0, NP, ε, n]
5  [0, 1, det, det, ε]
6  [0, 1, NP, det, n]       3 & 5
7  [1, 2, n, n, ε]
```

8	[0, 2, NP, det^n, ε]	6 & 7
9	[0, 2, S, NP, VP]	2 & 8
10	[2, 2, VP, ε, VP^adv]	
11	[2, 2, VP, ε, v^NP]	
12	[2, 2, VP, ε, v]	
13	[2, 3, v, v, ε]	
14	[2, 3, VP, v, NP]	11 & 13
15	[3, 3, NP, ε, det^n]	
16	[3, 3, NP, ε, n]	
17	[2, 3, VP, v, ε]	12 & 13
18	[0, 3, S, NP^VP, ε]	9 & 17
19	[0, 3, S, S, ε]	1 & 18
20	[2, 3, VP, VP, adv]	10 & 17
21	[3, 4, adv, adv, ε]	
22	[2, 4, VP, VP^adv, ε]	20 & 21
23	[0, 4, S, NP^VP, ε]	9 & 22
24	[0, 4, S, S, ε]	1 & 23

Items of the form [i, j, S, S, ε] result from the initialization with [0, 0, S, ε, S]. Items 18 and 19 show that an S is recognized before the entire input has been processed. Note that the left recursion of the fourth production, which would be a problem for some algorithms, is neatly dealt with.

The test run also reveals difficulties. With items 4, 11, 14, 15, and 16 the predictor introduces active edges which are not extended in the rest of the analysis. For a natural language such as English or German this effect would lead to unacceptably large item sets. Before a single input word had been processed the predictor would have to introduce items for all possible constituents that could begin a sentence, and excessive numbers of predictions would also be made throughout the analysis. For practical chart parsing with grammars of natural languages an algorithm with weaker predictive power is necessary.

The next algorithm introduced here is intended to overcome precisely this defect. It employs a more strongly bottom-up strategy and essentially constitutes a left-corner chart parser (cf ROSS 1982 for left-corner parsing). Detailed discussions of the algorithm and its adaptation to the ID/LP formalism of GPSG are given in KILBURY (1984) and KILBURY (forthcoming).

This algorithm differs from Earley's primarily in the operation of its predictor. The input string is processed sequentially from left to right, but the item set is empty before the first terminal input symbol is read. As in the Earley algorithm, the completer extends active edges when a symbol is identified, but the new predictor enters an active edge for each phrase that can have the identified symbol as its left-most constituent. Earley's predictor works top-down and finds all the lower-level constituents that can immediately follow in a phrase, while this predictor works bottom-up and finds all the <u>next</u> higher-level phrases which a given constituent can begin.

A formal statement of the algorithm follows. Note that the algorithm does not permit grammars with identical recursion (i.e. derivations of A -*-> B and B -*-> A) or deletion (i.e. productions of the form A --> ε). This formally restricts the class of context-free grammars that can drive the algorithm but does so in a way that is linguistically interesting (cf KILBURY 1984: 34).

```
program PARSE' a₁...aₙ:
begin
for i = 1 to n do CLOSURE' for [(i-1), i, aᵢ, aᵢ, ε]
end;

procedure CLOSURE' for [i, j, B, γ, δ]:
begin
add [i, j, B, γ, δ] to I;
if δ = ε then
   begin
   COMPLETE' with [i, j, B, γ, ε];
   PREDICT'  with [i, j, B, γ, ε]
   end
end;

procedure COMPLETE' with [j, k, B, γ, ε]:
begin
for each [i, j, A, α, Bβ] ∈ I do CLOSURE' for [i, k, A, αB, β]
end;
```

procedure PREDICT′ with [i, j, B, γ, ε]:
begin
for each <A, Bβ> $\in$ P do CLOSURE′ for [i, j, A, B, β]
end.

As in the Earley algorithm above, the procedures COMPLETE′ and PREDICT′ are stated separately for the sake of clarity; they could be incorporated directly in CLOSURE′ without procedure calls.

PREDICT′ requires searches through the entire grammar for productions of the form A --> Bβ. In the case of large grammars for natural languages, such searches can be relatively costly and thus slow down the parsing process. This problem can easily be solved by numbering the productions and then constructing a <u>first-relation</u> that specifies which productions can introduce a given symbol as their left-most daughter. The relation is defined as F = {<B, n>}, where B is a terminal or nonterminal symbol, n is the number of a production, and <n, A, Bβ> $\in$ P′. For the test grammar given above the first-relation would be F = {<NP, 1>, <det, 2>, <n, 3>, <VP, 4>, <v, 5>, <v, 6>}. If the first-relation is used, then PREDICT′ is modified in the third line:

for each <B, n> $\in$ F where <n, A, Bβ> $\in$ P′ do ...

Whether or not the first-relation is used, the algorithm generates the following items for the test grammar and input string given above:

1 [0, 1, det, det, ε]
2 [0, 1, NP, det, n]
3 [1, 2, n, n, ε]
4 [0, 2, NP, det⌢n, ε] 2 & 3
5 [0, 2, S, NP, VP]
6 [1, 2, NP, n, ε]
7 [1, 2, S, NP, VP]
8 [2, 3, v, v, ε]
9 [2, 3, VP, v, NP]
10 [2, 3, VP, v, ε]
11 [0, 3, S, NP⌢VP, ε] 5 & 10
12 [1, 3, S, NP⌢VP, ε] 7 & 10
13 [2, 3, VP, VP, adv]

14 [3, 4, adv, adv, ε]
15 [2, 4, VP, VP^adv, ε]   13 & 14
16 [0, 4, S, NP^VP, ε]   5 & 15
17 [1, 4, S, NP^VP, ε]   7 & 15
18 [2, 4, VP, VP, adv]

Both algorithms generate superfluous items (i.e. active edges that are not extended later in the analysis), but the new algorithm produces fewer. This fact is a consequence of the different depths of the predictions made during analysis. Earley's algorithm predicts top-down until a terminal symbol is reached, e.g. from S to NP to det; this algorithm predicts bottom-up to the next nonterminal symbol, e.g. from det to NP without continuing to S until the entire NP is recognized. Earley's predictor generates superfluous items when a nonterminal can be expanded with more than one production, while the new predictor is less efficient when a given symbol is the left-most daughter in more than one production. A consequence of this difference is that the new algorithm produces fewer items than Earley's for languages with relatively free word order, i.e. for grammars with sets of productions like A --> a b and A --> b a. 1*

The new predictor encounters difficulties with sets of productions like A --> a b and A --> b, as items 6, 7, 12, and 17 of the second test run above demonstrate. Once det has been identified as the beginning of an NP, there is no sense in predicting a new NP beginning with the following n. It is hard to solve this problem in a way that allows for recursive rules like A --> a A, which most linguists postulate for natural languages. PULMAN (1983) discusses this question in detail, but his proposed solution unfortunately amounts to a radical restriction of the class of grammars that can drive the parser, which is not the point of this discussion. Note that the Earley

---

1* The problem of parsing with the ID/LP formalism of GPSG, which is directly relevant for free word order, is dealt with in SHIEBER (1984), KILBURY (1984), and KILBURY (forthcoming). The adaptation of the new algorithm here to the ID/LP formalism results in a further reduction in the number of superfluous items.

algorithm avoids this difficulty. 2*

The factors mentioned here involve properties of languages and their corresponding grammars. Clearly, different algorithms may be more or less advantageous relative to such particular properties. This fact shows the futility of comparing parsing algorithms without reference to special properties of the grammars that drive them. The theory of parsing badly needs a comparison of parsing algorithms, but the method for such a comparison and the factors to be taken into account are largely unclear despite the pioneering work of GRIFFITHS/PETRICK (1965).

Another difference between the algorithms discussed here lies in their robustness. For example, a parser based on the new algorithm would produce no analysis for an input sentence with a word not contained in the lexicon, while the predictor of an Earley-based parser could form hypotheses about the new word based on syntactic (and semantic) expectations, produce an analysis, and even simulate the learning of new lexemes from context. For normal analysis Earley's predictor is too powerful and too expensive, but this extra power is desirable when unfamiliar vocabulary is encountered.

Here a distinction must be made between the parser components of software systems and parsing algorithms of the sort discussed in this paper. The latter are mathematical crystallizations of particular analysis strategies, while the former are practical programs dealing with a wide range of special problems. In view of all the distinctions presented above we might imagine a parser component with a repertoire of different parsing algorithms, i.e. a Multi-Algorithm Parser (MAP), operating with a common data structure and driven by a single grammar. A control component within the parser would call different algorithms depending on which was most advantageous at a given point in the analysis. Obviously, the design of such a control component raises major questions. It is unclear not only what factors make a particular algorithm advantageous but also how

2* Pulman must deal with this problem because his predictor, which is presented as that of Earley but in fact differs both from it and the new predictor here, uses a bottom-up strategy.

the control component should recognize that a particular factor arises at a given point. Furthermore, the relevant factors involve not only properties of the grammars but also other, nongrammatical linguistic knowledge.

The classical parsing algorithms are inefficient and psychologically implausible because they follow rigid strategies and make no use of knowledge about the communication situation. Developers of practical natural language systems are often criticized by computer linguists for mixing linguistic data with algorithms, but it is impossible to separate the two entirely at present. It must be seen as a challenge for linguists to establish what nongrammatical linguistic knowledge is relevant for parsing, how this knowledge is used in parsing, and how it can be formally represented. It then would be possible to drive a Multi-Algorithm Parser with a knowledge base containing different kinds of formally represented linguistic knowledge:

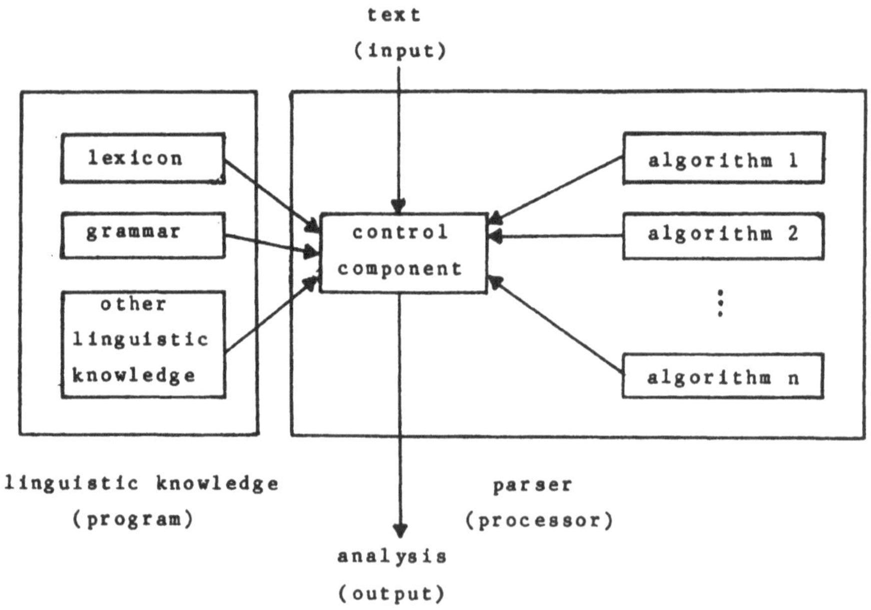

The diagram brings us back to the first figure of this paper and to the distinction of program and processor; a formal linguistic theory - now no longer restricted to grammar - is again regarded as the definition of a programming language for a specialized processor (i.e. the parser). The ideas introduced here obviously require extensive elaboration before they can be realized in an actual system, but they may serve to suggest how such a system based on the distinctions stressed in this paper might appear.

References

AHO, Alfred V. / ULLMAN, Jefferey D. (1972): The Theory of Parsing, Translation, and Compiling. I: Parsing. Englewood Cliffs, N.J.: Prentice-Hall.

EARLEY, Jay (1970): "An efficient context-free parsing algorithm." Communications of the Association for Computing Machinery 13: 94-102.

GRIFFITHS, T. V. / PETRICK, S. R. (1965): "On the relative efficiencies of context-free grammar recognizers." Communications of the Association for Computing Machinery 8: 289-300.

KILBURY, James (1984): Earley-basierte Algorithmen fur direktes Parsen mit ID/LP-Grammatiken. KIT-Report 16. Berlin: Technische Universitat Berlin.

KILBURY, James (forthcoming): "A modification of the Earley-Shieber algorithm for direct parsing of ID/LP grammars." GWAI-84 Proceedings. Heidelberg: Springer.

KING, Margaret (ed.) (1983): Parsing Natural Language. London et al.: Academic Press.

PULMAN, S. G. (1983): "Generalised phrase structure grammar, Earley's algorithm, and the minimisation of recursion." SPARCK JONES, Karen / WILKS, Yorick (eds.) (1983): Automatic Natural Language Parsing. Chichester: Harwood: 117-131.

ROSS, Kenneth M. (1982): "An improved left-corner parsing algorithm." Proceedings of the COLING 1982: 333-338.

SAMPSON, G. R. (1983): "Context free parsing and the adequacy of context-free grammars." KING (ed.): 151-170.

SHIEBER, Stuart M. (1984): "Direct parsing of ID/LP grammars." Linguistics and Philosophy 7: 135-154.

SLOCUM, Jonathan (1981): "A practical comparison of parsing strategies." Proceedings of the 19th Annual Meeting of the Association for Computational Linguistics, 1981: 1-6.

THOMPSON, Henry (1981): "Chart Parsing and rule schemata in PSG." Proceedings of the 19th Annual Meeting of the Association for Computational Linguistics, 1981: 167-172.

VARILE, G. B (1983): "Charts: a data structure for parsing." KING (ed.): 73-87.

WINOGRAD, Terry (1983): Language as a Cognitive Process. I: Syntax. Readings, Mass.: Addison-Wesley.

ZUR BEHANDLUNG STRUKTURELLER AMBIGUITÄTEN BEIM DETERMINISTISCHEN PARSEN

Hans-Ulrich Block

0. Einleitung

Im Anschluß an die Dissertation von Marcus (1978) wurde in verschiedenen Arbeiten seine Hypothese behandelt, natürliche Sprachen seien deterministisch parsbar (CHURCH 1980, BERWICK 1982, MILNE 1983, BLOCK 1984). Marcus' These, die von ihm selbst nur fürs Englische aufgestellt wurde, ist meines Wissens bisher lediglich in BLOCK 1984, und auch dort nur unvollständig, an anderen Sprachen überprüft worden. In RITCHIE/ THOMPSON 1984 findet sich ein kleiner Hinweis auf die Probleme, die ein deterministischer Parser mit stark linksmodifizierenden Sprachen haben könnte:

> It remains to be seen how much and just what sort of lookahead is necessery for English, and whether this approach will work for languages such as Japanese which are basically postfixing (verb final with postpositions and prenominal relative clauses), rather than prefixing (verb medial with prepositions and postnominal relative clauses), as English is. The following Japanese sentence, which means **This is a book that I have written** suggests where some of the problems lie:
>
> Kore wa watakusi ga kaita hon desu
> this I wrote book is
>
> (RITCHIE/THOMPSON 1984:382)

In diesem Papier werde ich diesen Problemen weiter nachgehen und überlegen, ob und wenn ja welche nicht ad-hokischen Wege es gibt, solche Sprachen deterministisch zu parsen. Hierzu stelle ich zunächst Marcus' Definition von Determinismus vor und skizziere kurz eine vereinfachte Form eines Wait-and-See-Parsers (1). Daraufhin bespreche ich verschiedene Typen struktureller Ambiguitäten (2) und schlage eine Klassifikation dieser Ambiguitäten im Hinblick auf mögliche Parsingstrategien (3) vor. Abschließend bespreche ich zur Behandlung von PP-attachment und Koordination im Deutschen notwendige Erweiterungen des Parsers (4).

1. Marcus' deterministischer Parser

1.1. Determinismusdefinition

Unter "deterministischem Parsen" versteht Marcus eine Satzanalyse, bei der die Zielstruktur direkt und ohne Nebenprodukte erzeugt wird. Dies wird im Vergleich zu Parsern mit "Backtracking" (1) und parallelen Parsern (2) deutlich:

> 1) All syntactic substructures created by the machine are permanent. This eliminates the possibility of simulating determinism by "backtracking", i.e by undoing the actions that were done while persuing a guess that turns out to be incorrect.
>
> 2) All syntactic substructures created by the machine for a given input must be output as part of the syntactic structure assigned to that input.
>
> (MARCUS 1979:6)

Sei z.B. ein Satzanfang wie (1).

(1) Is the block sitting in the box ...

Je nach Fortgang des Satzes entweder wie in (2a) oder wie in (2b) muß dem Teilstück die Struktur (3a) oder (3b) zugeordnet werden.

(2a) Is the block sitting in the box?
(2b) Is the block sitting in the box green?

```
(3a) (s (aux is)
        (np (det the)
            (n block))
         (prtp (prt sitting)
               (pp (p in)
                   (np (det the)
                       (n box)))))

(3b) (s (aux is)
        (np (det the)
            (n block)
            (prtp (prt sitting)
                  (pp (p in)
                      (np (det the)
                          (n box))))))
```

Ein Parser mit Backtracking würde dieses Teilstück zunächst arbiträr entweder wie in (3a) oder wie in (3b) strukturieren. Je nach Fortgang muß dann die Prtp gegebenenfalls wieder aus der Struktur gelöst werden. Dies bedeutet aber, daß die Struktur nicht permanent ist, sodaß nach 1) kein Determinismus vorliegt.

Ein paralleler Parser würde, um e i n e n der beiden Sätze in (2) zu parsen, stets b e i d e Strukturen in (3) für das

Teilstück (1) aufbauen. Da nur eine der beiden Strukturen letztlich "output as part of the syntactic structure assigned to that input" ist, ist ein paralleler Parser nach 2) kein deterministischer Parser.

1.2. Ein Wait-and-See-Parser (WASP)

1.2.1. Eigenschaften des Parsers

Die Frage stellt sich: Wie kann ein Teilsatz mit einer lokalen Ambiguität wie der in (1) ohne Backtracking und ohne Parallelismus überhaupt richtig geparst werden? Die Antwort liegt in dem "Prinzip des Abwartens und Vorausschauens". Nehmen wir an, der Parser habe die Teilkonstituenten in (4) aufgebaut.

(4) (s (aux is))
(np the block)
(prtp sitting in the box)

Bevor er nun die prtp entweder an np oder an s als rechte Tochter adjungiert, schaut er nach vorn. Ist das nächste Wort ein Fragezeichen, muß die prtp an s adjungiert werden, ist es ein Adj oder ein prt, muß prtp an die np adjungiert werden.

Insgesamt stellt Marcus folgende Eigenschaften eines WASP als notwendig dar.

1) It must be at least partially data driven, BUT ...
2) It must be able to reflect expectations that follow from general grammatical properties of the partial structures built up during the parsing process.
3) It must have some sort of "look-ahead" facility, even if it is basically left-to-right.

(MARCUS 1979:7)

die er an einigen Beispielen illustriert.

(5a) John went to the store.
(5b) How much is the doggle in the window?

Zur Entscheidung "Frage- oder Aussagesatz" ist das erste Wort, also das erste Datum, zu betrachten.

(6a) I called [$_{NP}$ John] [$_S$ to make Sue feel better].
(6b) I wanted [$_S$ John to make Sue feel better].

Die Struktur von John to make Sue feel better hängt von der durch das Verb bedingten Erwartung ab.

(7a) Have [$_S$ the boys take the exam today].
(7b) Have [$_{NP}$ the boys] [$_{VP}$ taken the exam today]?

Die Interpretation von have als Aux oder als Vollverb und damit die Struktur des Satzes hängen von der Form des folgenden Verbs (take/taken) ab. Benötigt wird also eine Vorausschau.

1.2.2. Die Struktur des Parsers

Die wichtigsten Komponenten des Parsers sind zwei Speicher, nämlich zum einen ein Kellerspeicher (Push down Stack (PDS)), der "active node stack" (ANS) genannt wird, zum anderen ein drei Zellen großer "random access Speicher", der sog. "constituent buffer".

1.2.2.1. Der Active Node Stack

Der ANS ist ein PDS, in dem unfertige Konstituenten gespeichert werden. Z.B. enthält der ANS bei der Analyse von (1) vor dem Attachment von box folgende Konstituenten.

```
(8)    (s (aux is)
          (np (det the)
              (n block)))
       ---------------------
       (prtp (prt sitting))
       ---------------------
       (pp (p in))
       ---------------------
       (np (det the))             CURRENT NODE
```

Der jeweils oberste Knoten im ANS (in der Abbildung der unterste Knoten) wird "laufender Knoten" (current node) genannt. In Grammatikregeln (s.u.) bezieht man sich auf ihn durch den Ausdruck "(CURRENT)".

1.2.2.2. Der Constituent Buffer

Der Konstituentenspeicher besitzt drei Zellen, auf die durch die Grammatikregeln arbiträr zugegriffen werden kann. Jede Zelle dieses Speichers kann eine Konstituente aufnehmen. An die im Konstituentenspeicher abgelegten Konstituenten können keine Tochterknoten mehr adjungiert werden. In den Grammatikregeln bezieht man sich auf die erste, zweite und dritte Zelle durch die Funktionen "(FIRST)", "(SECOND)" und "(THIRD)".

Ein Beispiel für den Inhalt der Speicherzellen bei der Analyse von (2b) findet sich in (9).

```
(9)  FIRST: (prtp (prt sitting)
                  (pp (p in)
                      (np (det the)
                          (n box))))
     SECOND: (adj green)
```

1.2.2.3. Regelformat

Die Grammatikregeln für einen WASP sind leider in einer dem Linguisten nicht sehr vertrauten Form abzufassen.

> The constituent buffer and the active node stack are acted upon by a grammar which is made up of pattern/action rules; this grammar can be viewed as an augmented form of Newell and Simon's production systems [Newell & Simon 72].
>
> (MARCUS 1979:7)

Die allgemeine Form einer Regel ist also:

```
(10) IF <pattern> THEN <action(s)>
                  ELSE <action(s)> / <rule>
```

Hierbei ist im Muster der Zustand des Parsers, durch den Inhalt der Zellen (CURRENT), (FIRST), (SECOND) und (THIRD) definiert, abfragbar. Eine Aktion ist bei unserem vereinfachten Parser - anders als bei Marcus' PARSIFAL - eine der folgenden drei Prozeduren.

CREATE(<Kategoriensymbol>) erzeugt einen neuen Knoten mit dem Label <Kategoriensymbol> und legt ihn oben auf den ANS, wodurch er zum laufenden Knoten wird, z.B.

```
(11) (S)
               CREATE(NP)  ===>
     (S)
     ---------
     (NP)         CURRENT NODE
```

ATTACH (<Zustand>) adjungiert den Inhalt von FIRST als rechte Tochter an CURRENT, speichert den Inhalt von SECOND auf FIRST, den Inhalt von THIRD auf SECOND und setzt THIRD auf NIL. Sei z.B. folgender Zustand,

```
(12)  (S)
      ----------
      (NP)

      FIRST: (DET the)
      SECOND: (AP (ADJ small))
      THIRD: (N block)
```

dann bewirkt zweimaliges ATTACHen folgenden Zustand:

```
(13)  (S)
      ----------
      (NP (DET the) (AP (ADJ small))

      FIRST: (N block)
      SECOND: NIL
      THIRD: NIL
```

DROP speichert den Inhalt von SECOND auf THIRD, den Inhalt

von FIRST auf SECOND, nimmt dann den laufenden Knoten aus dem ANS und speichert ihn auf FIRST. DROP angewandt auf (13) ergibt:

```
(14)  (S)      CURRENT NODE
      FIRST: (NP (DET the) (AP (ADJ small))
      SECOND: (N block)
      THIRD: NIL
```

1.2.2.3.1. Aktivierung von Regeln

Die Regeln der Grammatik sind in Marcus' Parser zu Regelpaketen zusammengefaßt, die als Ganzes aktiviert und deaktiviert werden können. Die Aktivierung geschieht durch Verbindung des Regelpakets mit dem CURRENT NODE. Dies kann explizit und implizit geschehen. In unserem vereinfachten System können Regeln nur implizit aktiviert werden. Die Aktivierung erfolgt nach dem folgenden Mechanismus: Ein Regelname besteht immer aus einem Kategoriensymbol gefolgt von einem Zustandssymbol, getrennt durch einen Bindestrich. Mögliche Regelnamen sind also etwa:

(15) S-START, S-0, S-1, S-NP, NP-N

Durch das Argument der Prozedur ATTACH wird dem CURRENT NODE ein bestimmter Zustand zugeordnet (Die Prozedur CREATE ordnet dem neuen CURRENT NODE automatisch den Zustand "START" zu).

Der jeweils oberste Knoten im ANS aktiviert in demjenigen Regelpaket, das den gleichen Namen wie das Kategoriensymbol des Knotens trägt, die Regel, die den gleichen Namen wie das Zustandssymbol des aktiven Knotens trägt. Z.B. aktiviert der oberste Knoten in (16) die Regel NP-N in (18).

```
(16) [ (s (aux is)
          (np (det the)
              (n block))) PRTP]
     ---------------------
     [ (prtp (prt sitting)) PP]
     ---------------------
     [ (pp (p in)) NP]
     ---------------------
     [ (np (det the)) N]              CURRENT NODE
```

Im folgenden ist eine Testgrammatik, die für eine in LISP implementierte "Spielfassung" eines WASP geschrieben wurde, abgebildet. Das etwas seltsam anmutende Regelformat erklärt sich durch die Implementierung in LISP und den vorläufigen Charakter des Parsers. Zur Erklärung sei die erste Regel in

Produktionssystemnotation angegeben ((17)).

```
(17)  S-START: IF FIRST IS AUX THEN ATTACH(NP) ELSE
               IF FIRST IS NP THEN ATTACH(VP) ELSE CREATE(NP)

(18)  (S-START ((IS-A (FIRST) (QUOTE AUX)) (ATTACH NP))
               ((IS-A (FIRST) (QUOTE NP)) (ATTACH VP))
               (ELSE (CREATE NP)))

      (S-NP ((IS-A (FIRST) (QUOTE NP)) (ATTACH PRTP))
            (ELSE (CREATE NP)))

      (S-PRTP ((IS-A (FIRST) (QUOTE PRTP)) (ATTACH PKT))
              ((IS-A (FIRST) (QUOTE ADJ)) (ATTACH PKT))
              ((IS-A (FIRST) (QUOTE PKT)) (ATTACH END))
              ((IS-A (FIRST) (QUOTE PRT)) (CREATE PRTP))
              (ELSE (ERROR)))

      (S-PKT ((IS-A (FIRST) (QUOTE PKT)) (ATTACH END))
             (ELSE (ERROR)))

      (S-END (DROP))

      (NP-START ((IS-A (FIRST) (QUOTE DET)) (ATTACH N))
                (ELSE (ERROR)))

      (NP-N ((IS-A (FIRST) (QUOTE N)) (ATTACH PRTP))
            (ELSE (ERROR)))

      (NP-PRTP ((AND (IS-A (FIRST) (QUOTE PRTP))
                     (IS-A (SECOND) (QUOTE PKT))) (DROP))
               ((IS-A (FIRST) (QUOTE PRTP)) (ATTACH END))
               ((IS-A (FIRST) (QUOTE PRT)) (CREATE PRTP))
               (ELSE (DROP)))

      (NP-END (DROP))

      (PRTP-START ((IS-A (FIRST) (QUOTE PRT)) (ATTACH PP))
                  (ELSE (ERROR)))

      (PRTP-PP ((IS-A (FIRST) (QUOTE PP)) (ATTACH END))
               ((IS-A (FIRST) (QUOTE P)) (CREATE PP))
               (ELSE (ERROR)))

      (PRTP-END (DROP))

      (PP-START ((IS-A (FIRST) (QUOTE P)) (ATTACH NP))
                (ELSE (ERROR)))

      (PP-NP ((IS-A (FIRST) (QUOTE NP)) (ATTACH END))
             (ELSE (CREATE NP)))

      (PP-END (DROP))
```

Der folgende Analysetrace des Satzes <u>is</u> <u>the</u> <u>block</u> <u>sitting</u> <u>in</u> <u>the</u> <u>box</u> <u>green</u> erläutert noch einmal Parser und Grammatik.

```
? (is the block sitting in the box green #)
CURRENT: (S )
---------------------
ACTIVE-RULE: S-START
CURRENT: (S (AUX is))
---------------------
ACTIVE-RULE: S-NP
```

```
CURRENT: (NP )
---------------------
FIRST: (DET the)
ACTIVE-RULE: NP-START

CURRENT: (NP (DET the))
---------------------
ACTIVE-RULE: NP-N

CURRENT: (NP (DET the)
             (N block))
---------------------
ACTIVE-RULE: NP-PRTP

CURRENT: (PRTP )
---------------------
FIRST: (PRT sitting)
ACTIVE-RULE: PRTP-START

CURRENT: (PRTP (PRT sitting))
---------------------
ACTIVE-RULE: PRTP-PP

CURRENT: (PP )
---------------------
FIRST: (P in)
ACTIVE-RULE: PP-START

CURRENT: (PP (P in))
---------------------
ACTIVE-RULE: PP-NP

CURRENT: (NP )
---------------------
FIRST: (DET the)
ACTIVE-RULE: NP-START

CURRENT: (NP (DET the))
---------------------
ACTIVE-RULE: NP-N

CURRENT: (NP (DET the)
             (N box))
---------------------
ACTIVE-RULE: NP-PRTP

CURRENT: (PP (P in))
---------------------
FIRST: (NP (DET the)
           (N box))
SECOND: (ADJ green)
ACTIVE-RULE: PP-NP

CURRENT: (PP (P in)
             (NP (DET the)
                 (N box)))
---------------------
FIRST: (ADJ green)
ACTIVE-RULE: PP-END
```

```
CURRENT: (PRTP (PRT sitting))
---------------------
FIRST: (PP (P in)
           (NP (DET the)
               (N box)))
SECOND: (ADJ green)
ACTIVE-RULE: PRTP-PP

CURRENT: (PRTP (PRT sitting)
               (PP (P in)
                   (NP (DET the)
                       (N box))))
---------------------
FIRST: (ADJ green)
ACTIVE-RULE: PRTP-END

CURRENT: (NP (DET the)
             (N block))
---------------------
FIRST: (PRTP (PRT sitting)
             (PP (P in)
                 (NP (DET the)
                     (N box))))
SECOND: (ADJ green)
ACTIVE-RULE: NP-PRTP

CURRENT: (NP (DET the)
             (N block)
             (PRTP (PRT sitting)
                   (PP (P in)
                       (NP (DET the)
                           (N box)))))
---------------------
FIRST: (ADJ green)
ACTIVE-RULE NP-END

CURRENT: (S (AUX is))
---------------------
FIRST: (NP (DET the)
           (N block)
           (PRTP (PRT sitting)
                 (PP (P in)
                     (NP (DET the)
                         (N box)))))
SECOND: (ADJ green)
ACTIVE-RULE: S-NP

CURRENT: (S (AUX is)
            (NP (DET the)
                (N block)
                (PRTP (PRT sitting)
                      (PP (P in)
                          (NP (DET the)
                              (N box))))))
---------------------
FIRST: (ADJ green)
ACTIVE-RULE: S-PRTP
```

```
CURRENT: (S (AUX is)
            (NP (DET the)
                (N block)
                (PRTP (PRT sitting)
                      (PP (P in)
                          (NP (DET the)
                              (N box)))))
            (ADJ green))
---------------------
ACTIVE-RULE: S-PKT
CURRENT: (S (AUX is)
            (NP (DET the)
                (N block)
                (PRTP (PRT sitting)
                      (PP (P in)
                          (NP (DET the)
                              (N box)))))
            (ADJ green)
            (PKT #))
---------------------
ACTIVE-RULE: S-END
CURRENT:
---------------------
FIRST: (S (AUX is)
          (NP (DET the)
              (N block)
              (PRTP (PRT sitting)
                    (PP (P in)
                        (NP (DET the)
                            (N box)))))
          (ADJ green)
          (PKT #))
ACTIVE-RULE: NIL-NIL
NUMBER OF LOOPS 23
```

2. Typen struktureller Ambiguitäten

Eine interessante und für die WASP wichtige Frage ist nun die nach der Behandlung lokaler und globaler Ambiguitäten. Da ein WASP einem (syntaktisch) mehrdeutigen Satz immer nur eine Lesart zuordnen kann, müssen Ambiguitäten während der Analyse aufgelöst werden. Hierbei stehen drei Fragen im Vordergrund:

1) Wie kann maschinell eine Mehrdeutigkeit aufgelöst werden?
2) Wie kann eine Mehrdeutigkeit als solche vom WASP erkannt werden?
3) Kann ein strikt von links nach rechts parsender WASP die jeweils zur Aufhebung einer Ambiguität notwendige Information zur Verfügung stellen?

Während 1) kein spezielles WASP-Problem darstellt, sind die Fragen 2) und besonders 3) sehr eng mit dem deterministischen

Parsen verknüpft.

In der Tat ist es so, daß sich Angaben über das Vorhandensein einer strukturellen Ambiguität nicht, wie z.B. in einer PSG (vgl. (19)), implizit aus der Grammatik ergeben, sondern vom "Grammatikschreiber" explizit formuliert werden müssen.

(19) VP -> V NP (PP)
NP -> ... N (PP)

Wichtiger noch als dieser Umstand scheint die prinzipielle Unmöglichkeit der Behandlung einer Ambiguität, wenn die zu ihrer Aufhebung notwendige Information weiter als drei Konstituenten rechts im Satz steht. Dies ist z.B. in vielen deutschen Nebensätzen oder Hauptsätzen mit zusammengesetzten Verben so, vgl.:

(20) (weil) sich die Einheit ¦ von Bewußtsein und Lautäußerung ¦ in den einzelnen sprachlichen Äußerungen ¦ als Einheit ¦ eines konkreten Bewußtseinsinhalts ¦ mit einer konkreten Lautäußerung ¦ verbindet/befindet

Um zu einer ersten Idee eines Lösungswegs zu gelangen, ist es sinnvoll, die strukturellen Ambiguitäten nach der Position des "auflösenden" Elements zu unterteilen. Hierbei nenne ich die Konstituente, für die eine Mutter gesucht werden muß, den verlorenen Sohn (VS). Eine "mögliche Mutter" für den VS kürze ich mit MM ab.

2.1. Rechtsambiguitäten

Unter Rechtsambiguitäten verstehe ich ambige Strukturen, bei denen der VS rechts von den möglichen Müttern steht, wie etwa in (21).

(21) a. ein Vergleich von Äpfeln mit Würmern
b. une culasse en alliage d'aluminium
c. vestidos en suave lana de diversos colores
d. put the block in the box

2.2. Linksambiguitäten

Die Linksambiguitäten stellen den den rechtsambigen Strukturen spiegelbildlichen Fall dar. Linksambiguitäten finden sich z.B. im dt. und eng. Nominalkompositum, in Sprachen mit strikter Abfolge 'determinans vor determinatum', wie etwa Türkisch, Japanisch oder Chinesisch.

(22) a. Mädchenhandelsschule
b. Mädchenhandelsring

c. water meter cover adjustment screw
d. (weil) Karl in der Nacht geklaute Pilze ißt

2.3. Links-Rechtsambiguitäten

Unter diesen im Deutschen sehr häufig anzutreffenden Typ von struktureller Ambiguität fasse ich die Fälle, in denen der verlorene Sohn nach lokalen syntaktischen Kriterien sowohl links als auch rechts adjungiert werden kann. Vgl.

(23) a. (weil) Karl den Mann mit dem Fernrohr beobachtete
b. (weil) die Stadtväter auf der Brücke bestehen
c. (weil) die Engländer 1943 Angriffe auf Hamburg flogen

3. Parsing-Strategien

Zur Aufhebung der verschiedenen Ambiguitätentypen bieten sich verschiedene Strategien an.

3.1. Marcus' 3-Zellen-Ansatz

Linksambiguitäten können in vielen Fällen (zumindest bei den meisten Komposita) nach dem in MARCUS (1978:338 f.) beschriebenen "Drei-Zellen-Ansatz" aufgelöst werden. Die diesem Ansatz zugrunde liegende Hypothese lautet, daß ein mehrgliedriges Kompositum allein durch iterative Betrachtung und Strukturierung der jeweils ersten drei Elemente analysiert werden kann. Die semantische Entscheidungskomponente muß dabei "decide upon the relative 'goodness' of two possible noun-noun modifier pairs." (ebd.) Der folgende Trace verdeutlicht diesen Weg, wobei der "Benutzer" die semantische Komponente spielt:

```
? (the water meter cover adjustment screw #)
CURRENT (NP)
---------------------
ACTIVE-RULE: NP-START
CURRENT (NP (DET the))
---------------------
ACTIVE-RULE: NP-AP
CURRENT: (N )
---------------------
FIRST: (N water)
SECOND: (N meter)
ACTIVE-RULE: N-START
CURRENT: (N (N water))
---------------------
FIRST: (N meter)
ACTIVE-RULE: N-N
```

```
Was ist besser: A oder B?
A: (N water)
   (N meter)
----------------------
B: (N meter)
   (N cover)
? A (Benutzereingabe)

CURRENT: (N (N water)
            (N meter))
---------------------
FIRST: (N cover)
ACTIVE-RULE: N-END

CURRENT: (NP (DET the))
---------------------
FIRST: (N (N water)
          (N meter))
SECOND: (N cover)
ACTIVE-RULE: NP-AP

CURRENT: (N )
---------------------
FIRST: (N (N water)
          (N meter))
SECOND: (N cover)
ACTIVE-RULE: N-START
CURRENT: (N (N (N water)
               (N meter)))
---------------------
FIRST: (N cover)
ACTIVE-RULE: N-N

Was ist besser: A oder B?

A: (N (N water)
      (N meter))
   (N cover)
----------------------
B: (N cover)
   (N adjustment)
? A (Benutzereingabe)

CURRENT: (N (N (N water)
               (N meter))
            (N cover))
---------------------
FIRST: (N adjustment)
ACTIVE-RULE: N-END

CURRENT: (NP (DET the))
---------------------
FIRST: (N (N (N water)
             (N meter))
          (N cover))
SECOND: (N adjustment)
ACTIVE-RULE: NP-AP
```

```
CURRENT: (N )
---------------------
FIRST: (N (N (N water)
             (N meter))
          (N cover))
SECOND: (N adjustment)
ACTIVE-RULE: N-START
CURRENT: (N (N (N (N water)
                  (N meter))
               (N cover)))
---------------------
FIRST: (N adjustment)
ACTIVE-RULE: N-N
Was ist besser: A oder B?
A: (N (N (N water)
         (N meter))
      (N cover))
   (N adjustment)
---------------------
B: (N adjustment)
   (N screw)
? B (Benutzereingabe)
CURRENT: (N )
---------------------
FIRST: (N adjustment)
SECOND: (N screw)
ACTIVE-RULE: N-START
CURRENT: (N (N adjustment))
---------------------
FIRST: (N screw)
ACTIVE-RULE: N-N
CURRENT: (N (N adjustment)
            (N screw))
---------------------
ACTIVE-RULE: N-END
CURRENT: (N (N (N (N water)
                  (N meter))
               (N cover)))
---------------------
FIRST: (N (N adjustment)
          (N screw))
ACTIVE-RULE: N-N
CURRENT: (N (N (N (N water)
                  (N meter))
               (N cover))
            (N (N adjustment)
               (N screw)))
---------------------
ACTIVE-RULE: N-END
```

```
CURRENT: (NP (DET the))
----------------------
FIRST: (N (N (N (N water)
                (N meter))
             (N cover))
          (N (N adjustment)
             (N screw)))
ACTIVE-RULE: NP-AP
CURRENT: (NP (DET the)
             (N (N (N (N water)
                      (N meter))
                   (N cover))
                (N (N adjustment)
                   (N screw))))
----------------------
ACTIVE-RULE: NP-PRTP
```

Während dieses Verfahren im allgemeinen gut funktioniert, findet man doch im Deutschen zuweilen einige Komposita, die nicht nach diesem Verfahren strukturiert werden können, da das erste Element das v i e r t e Element modifiziert. Vgl.:

(24) Damenperlenhalsband
Fernverkehrlastkraftwagen
Damenlederhandtasche
KBE-Personennahverkehrszug

3.2. Lauf über die rechten Töchter

Für Rechtsambiguitäten bietet sich eine in BLOCK (1984:56 f.) beschriebene Strategie an, nach der die rechte Kante des Baums in CURRENT nach unten abgearbeitet wird, bis der letzte Knoten erreicht ist. Jeweils zwei MM werden dabei verglichen:

```
(25) A:= der Knoten in CURRENT
     B:= A
     Wiederhole
      B:=rechte Tochter von B
      Wenn B eine bessere Mutter für den verlorenen Sohn ist
      dann A:=B
     bis B der letzte rechte Knoten des Baums ist
     Adjungiere den VS als rechte Tochter an A
```

(27) stellt die Abarbeitung der PP-Kaskade in (26) nach dieser Strategie dar.

(26) ein Auto mit einem Lenkrad aus Eisen mit drei Speichen

```
(27) VS:= (aus Eisen) A:= (ein Auto mit einem Lenkrad)
                      B:= (einem Lenkrad)
                      A:= (einem Lenkrad)
     VS:= (mit drei Speichen)
     A:= (ein Auto mit einem Lenkrad aus Eisen)
     B:= (einem Lenkrad aus Eisen)
     A:= (einem Lenkrad aus Eisen)
     B:= (Eisen)
```

4. Entwurf eines Wait-and-see-Parsers für Links- und Links-Rechtsambiguitäten

Zur Bearbeitung der Linksambiguitäten in Komposita kann der Parser leicht um eine Funktion erweitert werden, die den im obigen Trace dargestellten Vergleich bewirkt. Die Funktion, nennen wir sie "BESSERC12", "fragt" die semantische Komponente, ob die Konstituente in (FIRST) besser zur Tochter von (CURRENT) oder zur Konstituente in (SECOND) paßt.

Die Behandlung der Links-Rechtsambiguitäten stellt sich als bedeutend schwieriger dar. Z.B. können die PP in (28) erst adjungiert werden, wenn der Parser das Hauptverb erreicht hat.

(28) (weil) kleine Äpfel mit großen Würmern mit großen Birnen mit kleinen Würmern verglichen worden sind

In dem hier entwickelten "Spielparser" können Konstituenten aus (FIRST) durch die Prozedur LOOSE(<Zustand>) statt an (CURRENT) adjungiert zu werden, in einem neuen Speicher, dem LOST-Speicher für verlorene Söhne, abgelegt werden:

```
(29)  CURRENT: [ (S (NP kleine Äpfel)) PP]
      ------------
      FIRST: (PP mit großen Würmern)
      LOOSE(XY) ====>
      CURRENT: [ (S (NP kleine Äpfel)) XY]
      ------------
      FIRST:
      LOST: (PP mit großen Würmern)
```

Im Gegensatz zum ANS ist der LOST-Speicher ein "First in, first out"-Speicher, sodaß die Reihenfolge der Konstituenten erhalten bleibt. Ohne Restrukturierung ist z.B. das Analyseergebnis von (28) wie folgt.

```
(30)  CURRENT:
      ------------
      FIRST: (S (NP kleine Äpfel)
                (VP (VK (VK (VK (V verglichen))
                                (V worden))
                            (V sind))))
      LOST: (PP mit großen Würmern)
            (PP mit großen Birnen)
            (PP mit kleinen Würmern)
```

Angenommen, wir verfügten zu diesem Zeitpunkt über die notwendige Information, an welchen Knoten die oberste Konstituente aus LOST adjungiert werden soll, so könnten die drei folgenden Adjunktionsoperationen ausreichen, um den LOST-Speicher zu leeren und seinen Inhalt in den Analysebaum einzubauen.

4.1. Adjunktion als rechte Tochter

(31) MUTTER: (NP ein Lenkrad (PP_1 aus Eisen))
LOST: (PP_2 mit drei Speichen)

==> (NP ein Lenkrad (PP_1 aus Eisen)
(PP_2 mit drei Speichen))

4.2. Adjunktion als linke Schwester des Kerns

(32) MUTTER: (VP (PP_1 mit dem Auto) (V fahren))
LOST: (PP_2 in den Schwarzwald)

==> (VP (PP_1 mit dem Auto)
(PP_2 in den Schwarzwald) (V fahren))

4.3. "Chomsky-Adjunktion"

(33) MUTTER: (NP_1 der Mann (PP_1 mit dem Hut))
LOST: (PP_2 (KOORD und) (PP_3 mit dem Koffer))

==> (NP_1 der Mann (PP_2 (PP_1 mit dem Hut)
(KOORD und)
(PP_3 mit dem Koffer)))

5. Literatur

BERWICK, R. C. (1982): Locality Principles and the Acquisition of Syntactic Knowledge. Cambridge (Mass.): MIT PhD Thesis.

BLOCK, H.-U. (1984): Maschinelle Übersetzung komplexer französischer Nominalsyntagmen ins Deutsche. Tübingen: Niemeyer.

CHURCH, K. M. (1980): On Memory Limitations in Natural Language Processing. Cambridge (Mass.): Master's Thesis MIT Laboratory for Computer Science.

MARCUS, M. (1978): A Theory of Syntactic Recognition for Natural Language. Cambridge (Mass.): MIT PhD Thesis.

MARCUS, M. (1979): An Overview of a Theory of Syntactic Recognition for Natural Language. Cambridge (Mass.): MIT AI-Laboratory Memo.

MARCUS, M. (1980): A Theory of Syntactic Recognition for Natural Language. Cambridge (Mass.): MIT Press.

MILNE, R. W. (1983): Resolving Lexical Ambiguity in a Deterministic Parser. Edinburgh: PhD-Thesis.

NEWELL, A. u. H.A. SIMON (1972): Human Problem Solving. Englewood Cliffs, N.J.: Prentice Hall.

RITCHIE, G. u. H. THOMPSON (1984): "Natural Language Processing" O'SHEA, T. u. M. EISENSTADT (eds.) (1984): Artificial Intelligence. Tools, Techniques and Applications. New York: Harper and Row: 358-388.

STRUKTUR UND STEUERUNG DER LINGUISTISCHEN REGELN IN SUSY-II

Heinz-Dieter Maas

1. Zur Entwicklung von SUSY-II

Das im Sonderforschungsbereich 100 "Elektronische Sprachforschung" entwikkelte Übersetzungssystem SUSY hat mittlerweile einen Stand erreicht, der seinen Einsatz auf bestimmten Gebieten erlaubt. So ist die deutsche Analysekomponente Teil des automatischen Dokumentationssystems CTX, während die Übersetzungsrichtungen Englisch-Deutsch und Deutsch-Englisch in dem vom Bundesministerium für Forschung und Technologie geförderten Projekt SUSY-DJT ("Deutsch-Japanische Titelübersetzung") verwendet werden, wobei Englisch die Switching-Language zwischen dem Japanischen und Deutschen darstellt.

Vor allem die Verarbeitung umfangreicher Textmengen durch CTX hat zu einer weitgehenden Stabilisierung von SUSY geführt, aber auch gleichzeitig seine Grenzen aufgezeigt. Es erweist sich insbesondere als problematisch, nicht vorhergesehene Strukturen durch die Einfügung zusätzlicher Regeln - was in SUSY meist die Ergänzung von Programmen bedeutet - analysierbar zu machen. Die Erfahrungen mit SUSY-DJT haben aufgezeigt, daß SUSY eigentlich zu mächtig für die Übersetzung von Titeln ist. Könnte es auf den besonderen Texttyp abgestimmt werden, wäre sowohl mit besserer Qualität als auch mit geringeren Rechenzeiten zu rechnen.

Dies sind die wichtigsten Gründe dafür, daß 1981 mit der Entwicklung eines neuen Systems (SUSY-II) begonnen wurde, in dem der linguistische Regelapparat und dessen Steuerung weitestgehend von der Programmtechnik getrennt wurden. Bei der Konzeption von SUSY-II war die Mitarbeit bei der EUROTRA-Planung sehr hilfreich, doch sind die Konzepte von SUSY-II und EUROTRA sowohl in der softwaretechnischen Realisierung als auch in den linguistischen Vorstellungen unterschiedlich.

2. Die Datenstruktur von SUSY-II

Während in SUSY in den verschiedenen Analyseabschnitten und im Synthesemodul unterschiedliche Datenstrukturen verwendet werden, gibt es in SUSY-II nur eine einzige Datenstruktur, den sog. S-Graphen, der eine Verallgemeinerung der TX-Struktur von SUSY darstellt. Im Gegensatz zur TX-Struktur erlaubt der S-Graph die Darstellung von Bäumen und die Verwaltung struktureller (und nicht nur lexikalischer) Mehrdeutigkeiten.

Ein S-Graph ist ein zyklenfreier Graph mit genau einem Anfangs- und einem Endknoten, dessen Kanten mit Bäumen etikettiert sind. Jeder Baumknoten enthält nicht-strukturelle Informationen, die als Paare, bestehend aus einer Eigenschaft und einem Wert, angesehen werden. Ein Großteil der Eigenschaften und Werte sind aus SUSY übernommen, nämlich all jene Informationen, die in der TX-Struktur vorhanden sind und von der morphologischen Analyse von SUSY geliefert werden.

Die Bäume werden im S-Graphen ebenfalls als Graphen dargestellt, indem jeder Baumknoten zu einer Graphkante wird. Beispielsweise ergibt sich folgendes Bild für die Darstellung der Struktur der Nominalgruppe "eine isolierte Bewertung"

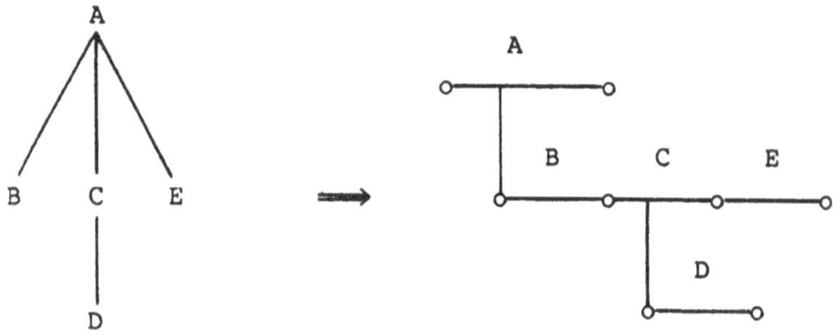

wobei die Knoten u.a. folgende nicht-strukturelle Informationen enthalten:

A : Nominalgruppe

B : unbestimmter Artikel

C : Adjektivgruppe, Passiv

D : Lemma "ISOLIEREN", Partizip Passiv

E : Lemma "BEWERTUNG", Substantiv

Diese Darstellung der Bäume trägt dazu bei, daß das Softwaresystem von SUSY-II den S-Graphen einheitlich bearbeiten kann und kein Unterschied zwischen den allgemeinen S-Graphen und den speziellen Baumgraphen gemacht zu werden braucht.

2.1. Der Anfangsgraph

Die morphologische Analyse von SUSY (WOBUSU) liefert zu jedem eingegebenen Satz eine TX-Struktur, in der die einzelnen Wortformen morphosyntaktisch beschrieben sind. Für die Wortfolge "eine isolierte Bewertung" ergibt sich folgendes Bild:

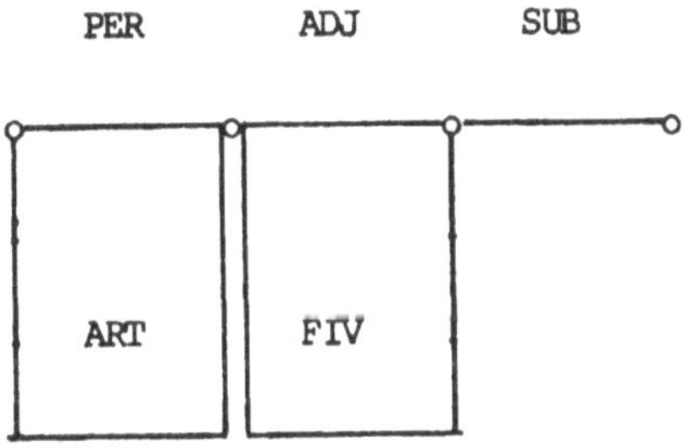

Da die TX-Struktur konzeptionell ein S-Graph ist, kann sie mit einem einfachen Programm in die interne S-Graphendarstellung umgewandelt werden. Dieses umgewandelte WOBUSU-Ergebnis ist der Anfangsgraph, auf dem SUSY-II operieren kann.

2.2. Deklaration von Eigenschaften und Werten

Die Eigenschaften und Werte, die einzelnen Wortformen zugeordnet sind, sind durch SUSY bereits vordefiniert, indem festgelegt ist, wo eine bestimmte Information zu finden und wie sie kodiert ist. Beispielsweise findet sich die Wortklasse im zweiten Byte des TX-Records und eine dort stehende "1" bedeutet "Substantiv". Natürlich ist dem Linguisten nicht zuzumuten, in seinen Regeln explizit die Speicheradressen und die interne Kodierung zu verwenden. Daher wird die Zuordnung von externen Namen für Eigenschaften und Werte zu ihrer internen Darstellung im sog. Deklarationsteil von SUSY-II hergestellt. Die Namen können dabei frei gewählt werden, z.B. für die Wortklasse "WKL" und für "Substantiv" "SUB".

Bei der Deklaration ist gleichzeitig der Typ der Eigenschaft auszugeben, etwa "Enumeration", "Menge", "Bitstring", "Zahl", "Buchstabenfolge". Damit ist festgelegt, welche Operationen und Zuweisungen in den Regeln zulässig sind.

Während die interne Speicherung und Kodierung der den Wortformen zugeordneten Informationen festgelegt ist, besteht bei der Deklaration von Eigenschaften und Werten, die nicht-terminale Elemente, wie z.B. einen Nominalgruppen-Knoten, charakterisieren, in weitem Maße Freiheit bei der Anordnung von Informationen. Allerdings wird hier der gleiche Formalismus wie für die Beschreibung der TX-Records benutzt.

Der Vorteil dieser Verknüpfung der TX-Struktur von SUSY mit dem Anfangsgraphen von SUSY-II besteht darin, daß die voll ausgetesteten SUSY-Moduln für die Texteingabe und -vorbereitung, für die morphologische Analyse und - falls das gewünscht sein sollte - auch für die Homographenreduktion problemlos in SUSY-II verwendet werden können. Demgegenüber fällt der Nachteil, daß bei den Deklarationen auf die internen Speicherpläne rekurriert werden muß, nicht ins Gewicht.

3. Die Regeln von SUSY-II

Bei der Konzipierung des Regelbegriffs können wir davon ausgehen, daß eine Vielzahl primitiver Analyseoperationen darin besteht, eine komplexe Struktur aus einer Folge von einfacheren Strukturen aufzubauen. Das bedeutet, daß aus einer Folge von Bäumen ein neuer Baum zu konstruieren ist bzw. aus einer Folge von Kanten des S-Graphen eine neue Kante zu berechnen ist. Diese Kante überdeckt denselben Raum im S-Graphen wie die Kantenfolge, aus der sie entstanden ist. Eine entsprechende Regel muß also die Kantenfolge (einen "Pfad") spezifizieren und Angaben darüber enthalten, wie aus dem Pfad die Ergebniskante zu bestimmen ist.
Im SUSY-II-Formalismus sieht eine Regel folgendermaßen aus:

```
rule <Regelname> :
        <Pfadbeschreibung> = <Ergebniskante>
conditions
        <Bedingungen über den Pfad>
assignments
        <Beschreibung der Ergebniskante>
end
```

Mithilfe der "Pfadbeschreibung" werden die einzelnen Kanten benannt, damit sie im Bedingungs- und im Zuweisungsteil der Regel angesprochen werden können. Mögliche Pfadbeschreibungen sind z.B. "DET+ADJG+SUB" oder "XYZ" oder "NP+VP". Demgegenüber besteht "Ergebniskante" stets aus einem einzigen

Namen. Die Pfadbeschreibung sagt lediglich aus, daß ein Pfad einer bestimmten Länge betrachtet werden soll und daß z.B. die erste Kante DET, die zweite ADJG und die dritte SUB genannt wird.

Welche Eigenschaften diese Kanten haben sollen, wird im Bedingungsteil formuliert. Dabei kann es sich um Bedingungen über die Struktur des mit dieser Kante verbundenen Baumes oder um Bedingungen über nichtstrukturelle Eigenschaften handeln. Die Namen der in der Pfadbeschreibung vorkommenden Kanten gelten gleichzeitig als Namen der Baumwurzeln. Bei der Formulierung von Aussagen über Eigenschaften von Baumknoten werden die im Deklarationsteil festgelegten Bezeichnungen verwendet. Je nach dem Typ einer Eigenschaft sind verschiedene Vergleichsoperatoren möglich. Eine naheliegende Bedingung über den Pfad "DET+ADJG+SUB" könnte folgendermaßen aussehen:

WKL of SUB = SUB and WKL of ADJG = GA and
WKL of DET int {ARTU,ARTB,POSP,IND} and
KASUS of SUB int KASUS of DET

Die Interpretation ist folgende:

Die Wortklasse der Wurzel SUB soll "SUB" sein, die Wortklasse von ADJG soll "GA" sein, die Wortklasse von DET soll "ARTU" , "ARTB", "POSP" oder "IND" sein, der Durchschnitt der Kasus von SUB mit den Kasus von DET soll nicht leer sein.

Strukturelle Bedingungen werden ähnlich formuliert. So bedeutet etwa $RU of ADJG = KERN das Aufsuchen des am weitesten rechts stehenden Baumknotens, der von ADJG unmittelbar dominiert wird. Dieser Knoten heißt dann KERN. Wenn ADJG tatsächlich Wurzel eines echten Baumes ist, ist diese Bedingung "wahr" und hat darüber hinaus den Seiteneffekt, daß KERN nun der Name des gewünschten Knotens ist. Es können anschließend auch Bedingungen über KERN formuliert werden.

Im Anweisungsteil der Regel wird das geometrische Aussehen des Ergebnisbaumes beschrieben und die gewünschten Eigenschaften werden zugewiesen.

Normalerweise ergibt sich die Geometrie des Resultats auf sehr regelmäßige Weise aus den Originalbäumen, z.B. durch linke oder rechte Adjunktion zum letzten bzw. ersten Baum des Pfades, z.B.

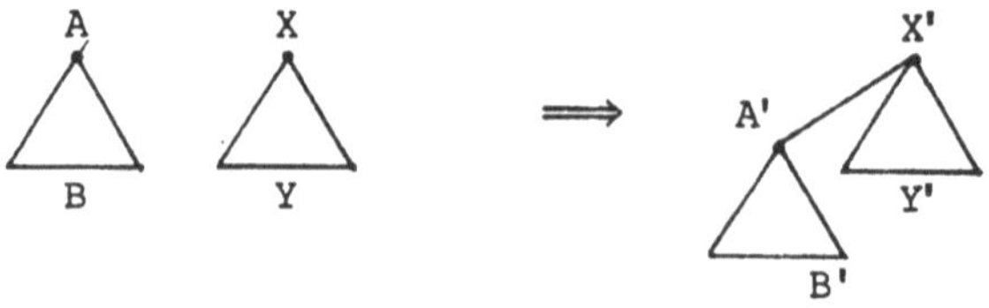

Für solche Standardoperationen stellt der Formalismus Funktionen zur Verfügung.

Bei den Werten, die Eigenschaften von Knoten des Ergebnisbaumes zugewiesen werden, kann es sich um Konstanten handeln, wie etwa in

WKL of XYZ := GA

oder es können Ausdrücke ausgewertet und dann zugewiesen werden, wie in

GKASUS of NP := KASUS of DET int KASUS of SUB

Diese Anweisung bedeutet, daß der Durchschnitt der Kasus von DET und SUB zum Wert der Eigenschaft GKASUS des Knotens NP wird.

Im Anwendungsteil einer Regel sind auch wenn-dann-Formulierungen möglich, z.B. in der Form

if KASUS of SUB = AKK then SF of NP := OBJ fi

Die Tatsache, daß eine Regel einen Pfad in eine Kante transformiert, bedeutet jedoch nicht, daß die Regeln keine Transformation der Form

Pfad ⟶ Pfad

zulassen würden.

Solche Transformationen sind möglich, wenn der Ausgangspfad von einer Kante dominiert wird. In einem solchen Fall wird also eine Kante A zu einer neuen Kante B, wobei die Substruktur von A in beliebiger Umformung zur Substruktur von B wird. Solche Transformationen sind insbesondere in der Synthese unumgänglich.

4. Grammatiken

Eine formale Sprache kann man als ein Quadrupel definieren, dessen Komponenten die Menge der Regeln (P), der nicht-terminalen und der termialen Symbole und das Startsymbol (S) sind. Hierbei kann man P als die Grammatik der Sprache bezeichnen. Eine Grammatik in SUSY-II unterscheidet sich hiervon jedoch in wesentlichen Punkten. Sie besitzt

- einen Namen
- eine Eingangsbedingung, die ähnlich wie in den Regeln einen Pfad beschreibt

- Kontextbedingungen
- eine Liste von Regelnamen
- eventuell mehrere Ausführungsparameter

Die Aufgabe einer Grammatik besteht darin, in einem S-Graph alle Pfade zu suchen, die den Eingangs- und den Kontextbedingungen entsprechen. Dabei ist eine Kontextbedingung eine Aussage über eine Kante, die sich unmittelbar links bzw. rechts von dem jeweils betrachteten Pfad anschließen muß.

Jeder Pfad wird dann den in der Liste aufgeführten Regeln zur Bearbeitung angeboten. Bezüglich der möglichen Regeln gibt es allerdings eine Einschränkung: die Länge ihrer Pfade muß mit der Länge des in der Grammatik beschriebenen Pfades übereinstimmen.

Die Abarbeitung der Regeln geschieht unter Berücksichtigung der Ausführungsparameter. Wird "parallele" Ausführung gewünscht, dann wird jede Regel auf den isolierten Pfad angewendet. Bei "präferentieller" Ausführung werden die Regeln nacheinander angesprochen, bis das erste Ergebnis produziert wird.

Wenn der Regelblock abgearbeitet ist, wird noch eine Schlußbehandlung durchgeführt, die ebenfalls von der Angabe eines Ausführungsparameters abhängt. Wird "Löschung" verlangt, dann werden alle Pfade, aus denen ein Ergebnis produziert wurde, als gelöscht markiert. Wird "Garbage collection" verlangt, dann werden anschließend alle als gelöscht markierten Kanten auch physikalisch freigegeben, wobei darauf geachtet wird, daß der S-Graph nicht zerstört wird.

Das Softwaresystem weiß, wieviele Kanten von der Grammatik produziert wurden, wenn alle Pfade bearbeitet sind.

Jede Grammatik enthält auch eine Angabe darüber, wie der S-Graph durchsucht werden soll. Dabei gibt es zwei Möglichkeiten: den horizontalen Lauf (vom Anfangs- zum Endknoten des Graphen), der in der Analyse vorherrscht, und den vertikalen Lauf durch einen Baum. Diese Art der Traversierung wird in Transfer und Synthese gebraucht.

Das Konzept, Regeln in Grammatiken zusammenzufassen, die selbst Eingangsbedingungen, Kontextbedingungen und Ausführungsparameter enthalten, erlaubt es, die Regeln möglichst frei von strategischen Überlegungen zu halten. So braucht beispielsweise bei der Formulierung einer Regel nicht bedacht zu werden, ob ihr Resultat den Pfad, aus dem dieses aufgebaut wurde, ersetzen soll oder nicht oder ob eine Regel nur unter bestimmten Bedingungen über den Kontext angewandt werden soll. Dadurch wird es auch möglich, dieselbe Regel in unterschiedlichen Grammatiken mit unterschiedlicher Wirkung zu verwenden. Die Wahl zwischen paralleler und präferentieller Abarbeitung von Regeln innerhalb einer Grammatik erlaubt es weiterhin, sich auf die besonderen Gegebenheiten eines Texttyps einzustellen, z.B. auf die Analyse von Aufsatztiteln.

5. Prozesse

So wie man Regeln zu Grammatiken zusammenfaßt, werden Grammatiken zu Prozessen vereinigt. Ein Prozeß kann auch eine Mischung aus Prozessen und Grammatiken sein.

Formal wird ein Prozeß wieder ähnlich wie eine Grammatik beschrieben. Er besitzt

- einen Namen
- eine Eingangsbedingung
- Kontextbedingungen
- eine Liste von Grammatik- und/oder Prozeßnamen
- eventuell mehrere Ausführungsparameter
- und eventuell eine Ausgangsbedingung

Bei einem Prozeß beschreibt die Eingangsbedingung ebenfalls einen Pfad. Dieser ist jedoch nicht wie bei den Grammatiken von fester Länge. Vielmehr werden die Eigenschaften der ersten und der letzten Kante beschrieben und Bedingungen über die dazwischenliegende Sequenz (die leer sein kann) gegeben. Beispielsweise kann gefordert werden, daß die erste Kante eine unterordnende Konjunktion und die letzte Kante ein finites Verb sein soll. Dazwischen werden nur Nominalgruppen erwartet.

Semantisch bedeutet die Eingangsbedingung die Suche aller Teilgraphen das aktiven S-Graphen, die einen derartigen Pfad vom Anfangs- zum Endknoten des Teilgraphen enthalten. Ist die Eingangsbedingung abgearbeitet und wird ein entsprechender Pfad entdeckt, wird der Graph zwischen dem Anfangs- und Endknoten des Pfades "aktiv", d.h. das Softwaresystem kennt nun nur diesen Teilgraphen. Man beachte, daß hier ein ganzer Graph und nicht nur ein Pfad (wie bei einer Grammatik) aktiv wird. Die Kontextbedingungen stellen - wie in einer Grammatik - Forderungen an linken und rechten Kontext.

Die Eingangsbedingung kann auch leer sein. In diesem Fall bleibt der beim Aufruf des Prozesses aktive Graph aktiv.

Die in der Prozeßbeschreibung aufgelisteten Prozesse und Grammatiken werden gemäß der Ausführungsparameter abgearbeitet. Neben dem parallelen und dem präferentiellen Modus ist hier "Stratifikation" möglich. In diesem Fall wird der Nachfolger eines Subprozesses S nur dann aufgerufen, wenn S erfolgreich war, d.h. wenigstens eine neue Kante im aktiven Gebiet produziert hat. Desweiteren kann der iterative Abarbeitungsmodus verlangt werden.

Die Ausgangsbedingung beschreibt, welche Ergebnisse man von dem Gesamtprozeß erwartet. Hier kann es sich nur um einzelne Kanten (nicht um Pfade!) handeln. Im obigen Beispiel (unterordnende Konjunktion - Nominalgruppen - finites Verb) würde man als Ausgangsbedingung feststellen, daß man einen Nebensatz von bestimmtem Typ erwartet.

Läßt sich die Ausgangsbedingung erfüllen, dann überleben nur die entsprechenden Kanten. Alle anderen Kanten werden als gelöscht markiert. Ist die Ausgangsbedingung nicht erfüllbar, dann wird keine Löschung durchgeführt. Ist die Ausgangsbedingung leer, dann werden die Ergebnisse nicht kontrolliert und überleben alle.

Nachdem die mit der Prüfung der Ausgangsbedingung zusammenhängenden Operationen ausgeführt sind, wird berücksichtigt, ob der Prozeß iterativ laufen soll. Wenn ja, beginnen die oben skizzierten Operationen von neuem, d.h. werden in dem nun veränderten S-Graphen (also in demjenigen, aus dem die aktiven Teilgraphen isoliert wurden) neue Teilgraphen gesucht. Die Iteration endet, wenn der Prozeß erfolglos ist, wenn also keine neue Kanten mehr produziert werden.

Mithilfe von Prozeß- und Grammatikdefinitionen kann der Linguist sich seine eigene Kontrollstruktur, z.B. für die Oberflächenanalyse, schaffen. Wie sich unschwer erkennen läßt, hat diese Kontrollstruktur die Gestalt eines Baumes, dessen Knoten mit den verschiedenen Bedingungen und Ausführungsparametern etikettiert sind. Die Söhne eines Knotens stellen Prozesse und Grammatiken dar, falls der Knoten selbst einen Prozeß repräsentiert. Ist der Knoten eine Grammatik, dann sind seine Söhne Regeln. Die Regeln sind also die Blätter des Kontrollbaumes.

Der Formalismus zur Beschreibung von Prozessen, Grammatiken und Regeln stellt eine sehr spezielle formale Sprache dar, in der sich computerlinguistische Aufgaben zur strukturellen Analyse und Synthese bequem beschreiben lassen und vom Rechner ausgeführt werden können. Es ist insbesondere relativ einfach, Ausnahmefälle zu berücksichtigen oder das Prozeßsystem auf eine ganz bestimmte Aufgabe hin, z.B. auf die Analyse von Titeln, auszurichten. Wichtig ist hierbei, daß im Vergleich zur Allgemeinsprache i.a. keine neuen Regeln auftreten, sondern vielmehr bestimmte Regeln oder sogar ganze Prozesse entfallen. Da die Hauptarbeit - nach unserer bisherigen Erfahrung - in der Formulierung und Erfassung des allgemeinsprachlichen Regelwerks besteht, läßt sich das für die Allgemeinsprache erstellte System in relativ kurzer Zeit modifizieren und an Spezialaufgaben anpassen.

6. Compilierung und Ausführung

Um das Prozeßsystem auf einen Text anzuwenden, muß es zunächst compiliert werden, d.h. ein Programm wandelt die Beschreibungen im SUSY-II-Formalismus in eine Darstellung um, die vom Computer auf einfache Weise interpretiert werden kann.

Die Compilation geschieht in zwei Schritten:

- erst werden die Regeln in einen Zwischencode übersetzt
- dann werden die Grammatiken und Prozesse compiliert.

Dieser Vorgang läßt sich folgendermaßen skizzieren:

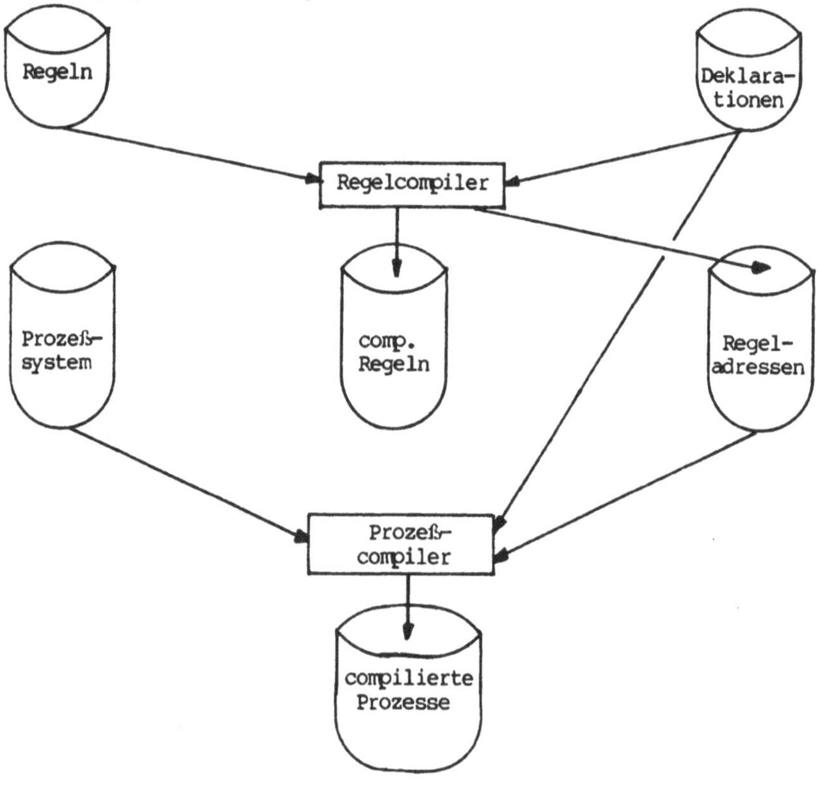

Bei der Compilation der Prozesse werden die Regeln selbst nicht benötigt; der Compiler muß nur wissen, wo die genannten Regeln zu finden sind. Das hat den Vorteil, daß Regeln einzeln verändert und compiliert werden können oder auch daß das Prozeßsystem nach Modifikationen compiliert werden kann, ohne daß die Regeln neu compiliert werden müssen.

Die Verarbeitung eines Textes läßt sich folgendermaßen skizzieren:

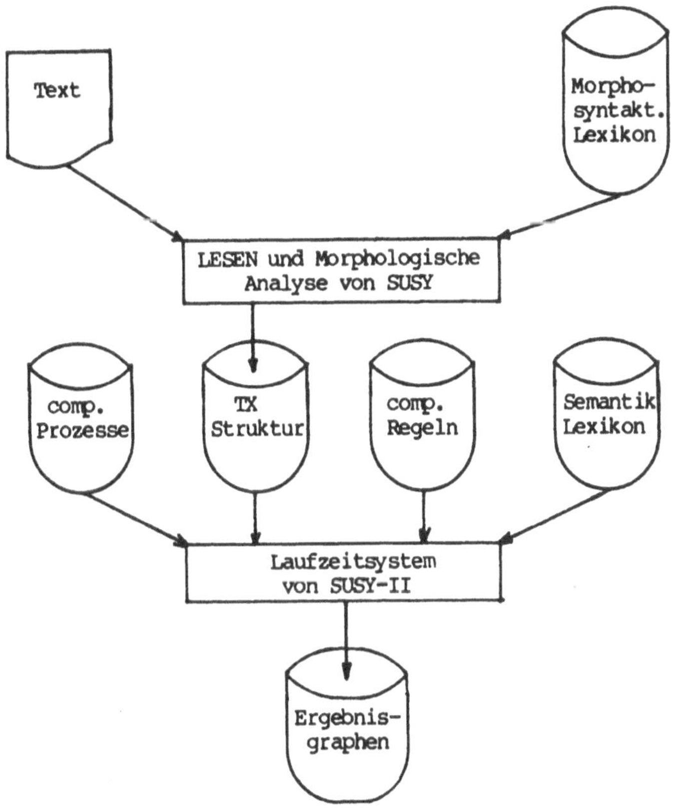

SEGMENT - DIE PRAKTISCHE ANWENDUNG EINER PS-GRAMMATIK IN EINEM MÜ-SYSTEM UND IHRE RELATION ZU LFG UND GPSG

Heinz-Dirk Luckhardt

Die im folgenden beschriebene Phrasenstrukturgrammatik ist in das Saarbrükker Maschinelle Übersetzungssystem SUSY integriert und erfüllt dort eine praktische Aufgabe. Wir haben bei der Entwicklung dieser Grammatik vor über 10 Jahren und während ihrer Anwendung seitdem empirisch Erkenntnisse gewonnen, die man mit denen vergleichen kann, die die theoretische Linguistik in bezug auf die Entwicklung moderner Grammatiktypen (LFG, GPSG) im Laufe der letzten 5-10 Jahre gewonnen hat. Und wir haben unsere Erkenntnisse anhand umfangreicher Tests verifiziert, was bei der Überprüfung von Grammatiktheorien sicher nicht die Regel ist.

Es wird sich vielleicht herausstellen, daß ein Vergleich daran scheitert, daß die beschriebene SEGMENT-Grammatik eigentlich nur ein Grammatikausschnitt ist, da sie nur eine Satzsegmentsyntax beschreibt. SEGMENT und LFG/GPSG verhalten sich in gewisser Weise komplementär zueinander, beide sind gleichzeitig **komplett** und **Fragmente:** LFG/GPSG sind insofern **komplette** Grammatiken, als sie vom Satzsymbol über die nichtterminalen Symbole (NP, VP, etc.) zu den terminalen führen, und **Fragmente**, weil sie nur einen Querschnitt durch die sprachlichen Strukturen erfassen. Die SEGMENT-Grammatik ist ein **Fragment**, weil sie - indem sie von den terminalen Symbolen direkt zum Satzsymbol geht - nur <u>einen</u> Typ syntaktischer Strukturen, nämlich Satzsegmente (Subsätze), beschreibt. Dies tut sie jedoch erschöpfend, sodaß man sie **komplett** nennen darf.

Ich werde zunächst etwas über die Umgebung sagen, in der die Grammatik SEGMENT verwendet wird. Die Systemumgebung ist das Saarbrücker Maschinelle Übersetzungssystem SUSY. Zu dem Zeitpunkt, an dem SEGMENT innerhalb der Satzsegmentierungsphase eingesetzt wird, ist die morphologische Analyse des Satzes bereits abgelaufen und die Homographen sind insoweit disambiguiert, als zu jedem Satz evtll. mehrere eindeutige Interpretationen vorliegen. Für das Deutsche hat dieser Analyseschritt eine gewisse Perfektion erreicht, so daß davon auszugehen ist, daß die korrekte Interpretation des Satzes, d.h.

die korrekte Kombination von Wortlesarten, unter denen ist, die die Satzsegmentierungsphase erreichen. Wir folgen also der Tradition in der theoretischen Linguistik und betrachten im folgenden nur eindeutige Wortketten.

Beispiel:

B1: Er nahm das Geld, die Juwelen ließ er liegen.

1. PER FIV ART SUB, ART SUB FIV PER INF.
2. PER FIV PER SUB, REL SUB FIV PER FIV.

B2: Sie nehmen das Geld, die Juwelen lassen sie liegen.

1. PER FIV ART SUB, ART SUB FIV PER INF.
2. PER INF PER SUB, REL SUB INF PER FIV.

(PER=Personalpronomen, FIV=finites Verb, ART=Artikel, SUB=Substantiv, INF=Infinitiv, REL=Relativpronomen)

Die Lesartenketten 1. und 2. jedes Satzes erreichen die Satzsegmentierungsphase, deren Aufgabe es ist, die die Sätze konstituierenden Teilsätze (Segmente) und ihre Beziehungen untereinander zu bestimmen. Dies ist quasi der Auftakt für die syntaktische Analyse und bereitet die Basis für die Analyse der NPs, der VPs, der Valenzen, etc.

Über diese Analysestrategie gibt es natürlich einiges zu sagen. Ich will mich jedoch auf einige Argumente beschränken.

1. Determinismus in SUSY

In SUSY wird eine semi-deterministische Strategie verfolgt, die auf Gewichtungen basiert. Lesarten werden verworfen, wenn sie sicher als falsch anzusehen sind bzw. wenn die Datenstruktur keine Verwaltung von Mehrdeutigkeiten erlaubt. Lesarten werden parallel verfolgt, wo immer die Datenstrukturen es zulassen. Die Gewichtungen, auf denen die Entscheidungen im Analyseprozeß beruhen, werden durch Regelordnung bzw. durch numerische Gewichte erreicht (vgl. Thiel (1984)). Hier noch eine grobe Darstellung der SUSY-Strategie:

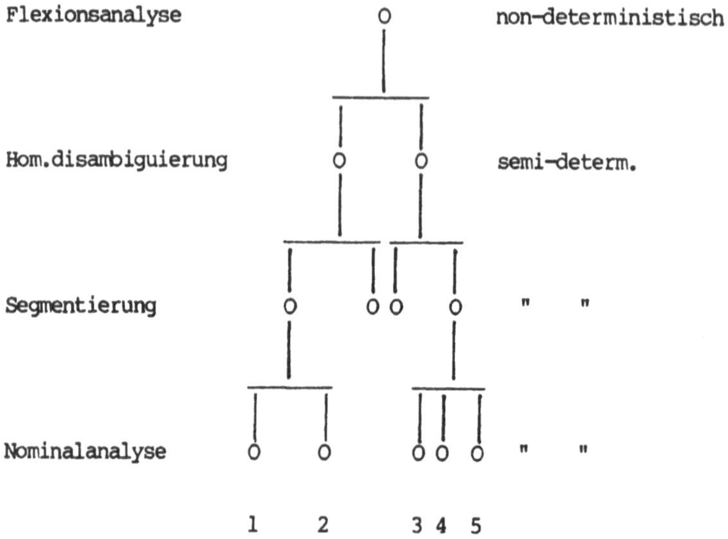

Es sieht paradox aus, daß ein non-deterministischer Prozeß nur einen Knoten hervorbringt, aber das liegt nur an der Darstellung. In der Flexionsanalyse werden alle Interpretationen der Textwörter im Anfangsgraphen der Analyse gesammelt, der durch den Knoten auf der obersten Ebene repräsentiert wird. Die zwei Knoten nach der Homographendisambiguierung stellen zwei eindeutige Ketten von Lesarten dar; es können - wenn man es explizit verlangt, bis zu 12 sein. Die weniger wahrscheinlichen, d.h. die durch die Regelordnung zurückgestellten, werden eliminiert. Der Semi-Determinismus in der Segmentierung äußert sich auch dadurch, daß pro Lesartenkette nur eine bestimmte Anzahl von Segmentierungsinterpretationen zugelassen werden.

2. Prozeßstrategie

Wie immer man deterministische Analyseprozesse ordnet, es wird immer ein Informationsdefizit bestehen. Infolge der SUSY-Strategie besteht zwar in der Segmentanalyse ein Informationsdefizit bezüglich der Nominalphrasen. Dies fällt jedoch in keiner Weise ins Gewicht. Würde man zunächst die NPs bestimmen, weiß man dabei zu wenig über die Struktur der Segmente, insbesondere über diskontinuierliche Segmente. Die Erfahrung mit SEGMENT hat gezeigt, daß die eingeschlagene Strategie insofern richtig war, als die Analyse von Subsätzen ohne Informationen über NPs und VPs auskommt, weil die relevanten Informationen von den terminalen Elementen der Sätze automatisch an die Segmentknoten vererbt werden. Man kann also zu definitiven Aussagen über die Satzstruktur kommen, ohne etwas über die Feinstruktur der Subsätze zu wissen. Die Strategie hat sich auch als äußerst effizient erwiesen, da später Nominal- und Verbalanalyse in stark eingeschränkten Datenbasen operieren können und viele Ambiguitäten dadurch automatisch ausgeschaltet werden, daß nicht über Satzsegmentgrenzen hinaus operiert zu werden braucht.

Ein weiterer wichtiger Aspekt ist die Analyse abgetrennter Verbaffixe in deutschen Hauptsätzen, d.h. ihre Zusammenführung mit dem Verbsimplex. Dies kann erst dann geschehen, wenn diskontinuierliche Segmente zusammengefügt worden sind. Auf dieser Basis, so hat sich gezeigt, kann man dann sichere Aussagen über Formen wie "ein", "auf", "überein" etc. und ihre Funktion machen und sie gegebenenfalls mit Verben wie "brechen" oder "kommen" kombinieren. Dies ist sehr schwierig, wenn man keine Restriktionen bezüglich der Verbformen in einem Satz machen kann, mit denen ein Verbpräfix kombiniert werden könnte, d.h. wenn die Analyse nicht auf ein Segment beschränkt werden kann, sondern über den gesamten Satz laufen muß.

Die 'psychological reality' würde es erfordern, daß Nominal- und Subsatzanalyse quasi parallel ablaufen, und dies wird in SUSY-II angestrebt (vgl. Maas (1984)). So kann z.B. in

B3: Er nahm das Geld, das im Tresor war, und die Juwelen
aus dem Schaufenster.

der Relativsatz zunächst zugeordnet werden:

Er nahm das Geld,
+
das Geld war im Tresor

Danach können dann die beiden NPs koordiniert werden:

Er nahm das Geld und die Juwelen aus dem Schaufenster.

Da die nicht-deterministische Strategie von SUSY-II noch zu einer gewissen Lesartenexplosion führt, bietet die SUSY-Strategie noch Vorteile in der praktischen Anwendung.

3. Datenstrukturen in SUSY

Ein Ziel des Analyseprozesses ist es, der frame-Analyse die folgenden Daten(strukturen) zur Verfügung zu stellen:

- eine Folge von s Segmenten S
- zu jedem Segment Si eine Folge von n Nominalphrasen N, ein komplexes Prädikat PK, bestehend aus p einfachen Prädikaten P mit einem dominierenden Prädikat OP, und einer Folge von t Terminalen T
- zu jeder Nominalphrase Nj eine Folge von e Terminalen E, incl. ein Governor K
- zu jedem einfachen Prädikat P ein Governor G

Segmente	S1	,	S2
Terminale	T1.1 ... $T1.t_1$		T2.1 ... $T2.t_2$
NPs	N(K)1.1 ... $N(K)1.n_1$		N(K)2.1 ... $N(K)2.n_2$
Terminale	E1.1.1 ... $E1.n_1.e_1$		E2.1.1 ... $E2.n_2.e_2$
Präd.kompl.	PK1(OP(G)(P(G)1.1 ... (P(G)1.p))		PK2(...)

Aus der Darstellung geht hervor, daß die Terminalen Tj.1 bis Tj.t dem Segment Sj die notwendigen Informationen für die Segmentanalyse liefern und daß die nachfolgenden Prozesse nur auf dem Segment Sj zu operieren brauchen, um die Nominalphrasen Nj.1 bis Nj.n bzw. den Prädikatkomplex PKj innerhalb des Segments Sj zu analysieren.

4. Syntax und Semantik

Es wird seit Jahren gefordert, daß syntaktische Prozesse durch semantische ergänzt werden müssen. Die Erfüllung dieser Forderung in der Praxis der MÜ stößt aus verschiedenen Gründen auf Schwierigkeiten, obgleich die Grundlagen dafür eigentlich vorliegen. Die Strategie, die diesbezüglich bei SUSY und SUSY-II verfolgt wird, basiert auf dem Prinzip der Unterordnung der Semantik unter die Syntax und darauf, daß Semantik dort einbezogen wird, wo sichere Kriterien und Klassifikationen vorliegen. Ich möchte hierauf nicht näher eingehen, da die Grammatik, die ich beschreiben will, keine Semantik einbezieht.

Ich habe nun im groben das Umfeld für die Satzsegmentierung beschrieben und komme zur Satzsegmentierung selbst. Dazu will ich zunächst erläutern, wie die terminalen Elemente der Segmentgrammatik zustandekommen. Als terminale Elemente gelten die sogenannten A-Segmente, Folgen von Wörtern zwischen zwei Grenzanzeigern:

B4: Ich habe den Verdacht, daß er raucht und trinkt.

. A , A NKO A .

Dabei besteht das erste Problem darin, daß die Grenzanzeiger ',' und 'NKO' mehrdeutig sind, da sie außer Segmenten auch NPs anreihen können. Der Satzsegmentierungsprozeß bestimmt die jeweilige Funktion der Grenzanzeiger und legt als Ausgangsdatenbasis, auf der die SEGMENT-Grammatik operiert, eine Folge von Grenzanzeigern und A-Segmenten fest (vgl. B4). Nun zur SEGMENT-Grammatik selbst. Sie besteht aus 20 kontextfreien Basisregeln und 67 kontextsensitiven implementierten Regeln. Die kontextsensitiven Regeln wurden aus Effizienzgründen eingeführt, weil sie eine rechtzeitige Erkennung von Sackgassen erlauben. Insgesamt benötigen wir für B4 die folgenden Regeln:

1.	A .	-->	NS2 .
2.	A , NS1	-->	HS2 , NS1
3.	NS2 .	-->	NS1 .
4.	NS2 NKO NS1	-->	NS1
5.	HS2 , NS1 .	-->	HS1 .
6.	HS1 .	-->	SATZ.

Dabei steht

SATZ für: Gesamtsatz
HS1 für: HS 1. Stufe
NS1 für: NS 1. Stufe
HS2 für: HS 2. Stufe
NS2 für: NS 2. Stufe

Die richtige Ableitung für B4 ist:

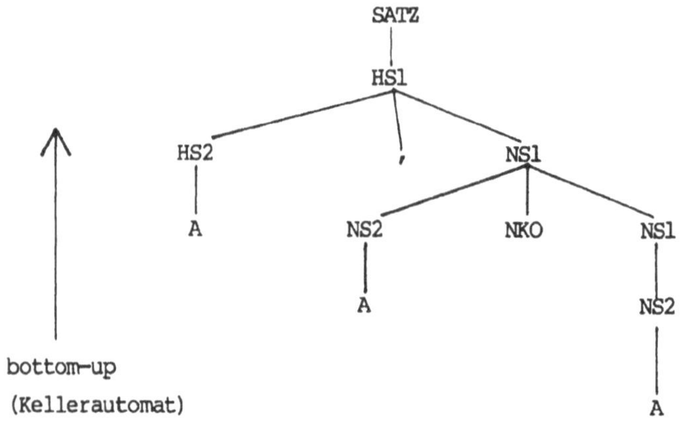

Auf die Sackgassen bei dieser Ableitung will ich nicht eingehen. Wir wollen uns vielmehr auf die Regelbedingungen und -auswirkungen und die Bedeutung einiger Begriffe aus der GPSG bzw. der LFG beschränken.

4.1. Komplexe Symbole

Bei der Anwendung der Regeln wird auf komplexe Symbole an den Knoten zurückgegriffen, die das allgemeine Format

< Regelnummer , Merkmalbündel >

haben. So trägt der HS2-Knoten in unserem Baum das komplexe Symbol

< 2 , <+HS,+ATAN,+FIVHS,+RELAN> >

(HS = ist Hauptsatz, ATAN = Attributsatz anschließbar, FIVHS = finites Verb in Hauptsatzstellung, RELAN = Relativsatz anschließbar)

Die Elemente des Merkmalbündels sind diejenigen, die die zugrundeliegenden terminalen Knoten von den sie konstituierenden Wörtern geerbt haben und die während der Ableitung nicht als ungültig markiert, d.h. gelöscht wurden. So wird das Merkmal KOMPA (=Komplementsatzanschluß) bei einem Segment X gelöscht, wenn an X ein Komplementsatz angeschlossen wird. Andererseits werden bei Koordination der Segmente X und Y in das Merkmalbündel des ihnen übergeordneten Knotens Z Merkmale aus beiden Unterknoten übernommen, z.B. KOMPA, FIV, VZS = Verbzusatz vorhanden, etc.

4.2. Regelformat

Nach Gazdar ist das allgemeine Regelformat für die GPSG:

< Regelnummer , PS-Regel , semantic translation rule >

In der GPSG gibt es sogenannte semantische Regeln, die parallel zu den syntaktischen funktionieren. Eine Regel kann nur Erfolg haben, wenn außer der (syntaktischen) PS-Regel die semantische, d.h. die funktionale Komponente gilt. Die Verwendung des Begriffs "semantisch" stört mich hier ein bißchen, weil er für mich anders belegt ist. Ich werde lieber von "functional translation rule" reden. In der SEGMENT-Grammatik ist dies eine reine Zuweisungsregel, z.B. für Regel 5:

HS2 , NS1 —> HS1 // I KOM N
(enthalten Konstanten, die die Segment-Nr. (I bzw. N) bzw. die Wort-Nr. (KOM) enthalten)

Die Zuweisung für B4 ist:

HS2:

TOPNODE OF STRUCTURE := TRUE;
TYPE := MAINCLAUSE;
DEPENDENT NODE := N;
RIGHT BOUNDARY := KOM.
INVENTAR := INVENTAR minus ATAN

NS1:

TYPE := ATTRIBUTIVE CLAUSE;
DOMINATING NODE := I;
LEFT BOUNDARY := KOM.

4.3. Lexical Functional Grammar

An dieser Stelle wird gezeigt, daß die SEGMENT-Grammatik und die von ihr erzeugten Repräsentationen als Modell der LFG beschreibbar ist. In diese Beschreibung sind auch die Lexikoneinträge einbezogen. Wie bei der LFG gibt es zwei verschiedene Beschreibungsebenen: die Konstituentenstruktur, wie vorhin beschrieben, und die funktionale Beschreibung, die das eigentliche Analyseergebnis und die Grundlage für die weitere SUSY-Analyse darstellt und die für B4 so aussieht:

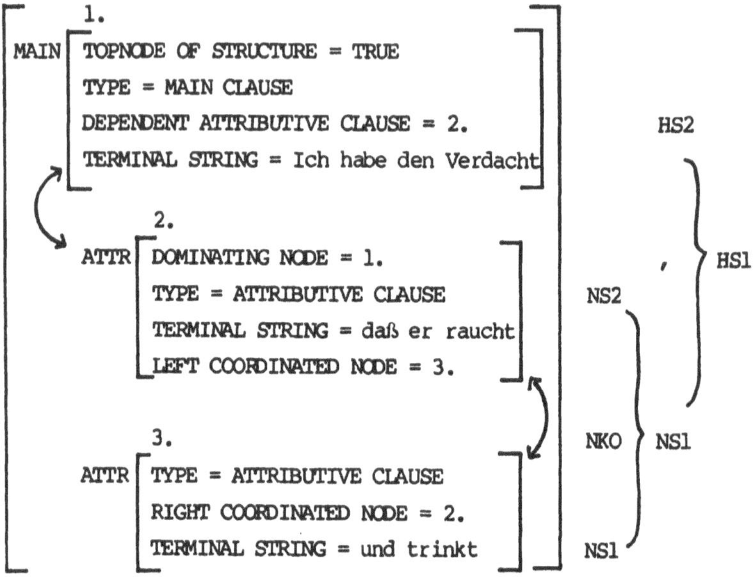

Diese f-Struktur ist die Ausgangsbasis für Nominal-, Verbal- und Valenzanalyse. Alle drei operieren jeweils isoliert in jedem der Segmente 1.-3. Die Koordinationsinformation bezüglich 2. und 3. bewirkt, daß diese auf getilgte Elemente untersucht werden, wobei 3. durch das Subjekt aus 2. ergänzt wird, weil dies durch den Valenzrahmen von "trinken" gefordert wird.

Lexikoneinträge lassen sich folgendermaßen formulieren:

habe (↑ SYNCAT) = FIV
(↑ TYPE) = HAUPTSATZ/NEBENSATZ
(↑ PREDICATE) = 'haben'

Verdacht (↑ SYNCAT) = NOMEN
(↑ ATTRIBUTE) = auf (Akkusativ)
(↑ TYPE OF ATTRIBUTE) = { NP / DASS-CLAUSE }

daß (↑ SYNCAT) = COMPLEMENTIZER

raucht (↑ SYNCAT) = FIV

weitere Beispiele:

begieriger (↑ SYNCAT) = ADJ
(↑ STATUS) = KOMPARATIV
(↑ COMPLEMENT) = auf (Akkusativ)

(↑ TYPE OF COMPLEMENT) = { NP / INF-CLAUSE }

darauf	(↑ SYNCAT) = KORRELAT
wo	(↑ SYNCAT) = FRAGEADVERB
wo	(↑ SYNCAT) = RELATIVADVERB

Hier sind nur die für die Segmentanalyse relevanten Kategorien aufgeführt, außerdem geht diese Beschreibung von Vollformeneinträgen aus, was für die SUSY-Lexika nicht zutrifft, was wiederum ein gravierender Unterschied zur LFG ist, die ja keine Flexionsanalyse kennt. Die Funktion dieser Einträge ist auch eine andere als in der LFG. Die Wörter stellen in der LFG die terminalen Elemente dar, während in der SEGMENT-Grammatik die Segmente als die terminalen Elemente eine Ebene darstellen, die es in der LFG gar nicht gibt und die die Merkmale von den Textwörtern erbt. Ein weiterer Unterschied ist der, daß die frame-Beschreibungen, die bei den Lexikoneinträgen natürlich auch verzeichnet sind und die ein Charakteristikum der Einträge in der LFG sind, in der SEGMENT-Grammatik noch keine Rolle spielen, sondern erst in einem späteren Analyseprozeß.

Auch die eigentliche Ableitung läuft unterschiedlich ab. In der LFG wird zunächst der P-Marker generiert, dann werden die Blätter mit Wörtern aus dem Lexikon besetzt, dann die funktionale Beschreibung erstellt. In der SEGMENT-Grammatik werden die von den lexikalischen Einheiten geerbten Merkmale schon bei der Erstellung des Ableitungsbaums abgeprüft, nach der Fertigstellung des Baums wird die funktionale Struktur erstellt.

Soweit der Exkurs zur LFG. Ich möchte noch einmal zum allgemeinen Regelformat zurückkehren.

4.4. Regelrestriktionen

< Regelnummer,PS-Regel,functional translation rule >

Dieses Format ist für die SEGMENT-Grammatik noch unvollständig, da es zu jeder Regel X eine Menge von Restriktionen X' gibt, also:

< Rnr,PS-Regel X,Restriktionenmenge X',functional tr. rule >

Diese Restriktionen lassen sich etwa in der folgenden Weise darstellen:

Regel X: HS2 , NS1 --> HS1

Restriktionenmenge X':

HS2 : INVENTAR OF HS2 contains KOMPLEMENTSATZANSCHLUSS
NS1 : INVENTAR OF NS1 contains COMPLEMENTIZER
else
HS2 : INVENTAR OF HS2 contains ATTRIBUTSATZANSCHLUSS
NS1 : INVENTAR OF NS1 contains COMPLEMENTIZER
else
NS1 : INVENTAR OF NS1 contains ADVERBIAL CONJUNCTION

etc.

Diese Restriktionen beziehen sich auf die Subordination oder Koordination von Knoten. So werden u.a. zwei Knoten NS2 und NS1 nur dann koordiniert, wenn zu NS2 und NS1 mindestens 1 verbales Element des gleichen Typs gehört, also je ein FIV, INF, PTZII oder dergleichen. Diese Restriktion verhindert sehr viele falsche Koordinationen, bewirkt leider aber auch, daß Sätze wie:

...dort, wo der Zweck nicht **ernst genommen,**
sondern nur **zu einem Vorwand wird.**

nicht akzeptiert werden.

Restriktionen gelten auch für die Typisierung von Knoten:

A , NS1 --> HS2 , NS1

X':

A : not (INVENTAR of A contains FIVNS)
else
A : not (INVENTAR of A contains COMPLEMENTIZER) etc.

So darf ein Hauptsatzsegment keine unterordnende Konjunktion oder verbale Elemente in Nebensatzstellung enthalten, etwa: "gelesen haben wird". Restriktionen können auch texttypgesteuert angewandt werden, so daß also der Satz

Als die Bilder laufen lernten.

innerhalb einer Sublanguage mit Texttyp 'Titel' akzeptiert würde, obwohl er eine unterordnende Konjunktion enthält.

4.5. Metaregeln

Ich definiere "Metaregel" hier anders als in der GPSG. Dort wird sie eingesetzt, um eine Regel für mehrere linguistische Sachverhalte einsetzbar zu machen (z.B. für Inversion im deutschen Hauptsatz oder für Passivkonstruktionen). Die Grammatik wird also durch Metaregeln mächtiger. In SEGMENT ist dies umgekehrt, da eine Metaregel dazu dient, die Anwendung einer anderen Regel einzuschränken. Die eben beschriebenen Restriktionen lassen sich auch mit Hilfe von Metaregeln beschreiben. Wenn wir die Regel HS2 , NS1 —> HS1 als Basisregel betrachten, gibt es dazu die Metaregel

```
HS2            ,   NS1       —>   HS1
 (KOMPA             (KOMPS
  RELA               RELS
  ADVA)              ADVS)
```

die aus der Basisregel die folgenden Regeln erzeugt:

```
HS2            ,   NS1       —>   HS1
 (KOMPA)            (KOMPS)

HS2            ,   NS1       —>   HS1
 (RELA)             (RELS)

HS2            ,   NS1       —>   HS1
 (ADVA)             (ADVS)
```

wobei es eine weitere Metaregel gibt:

```
HS2            ,   NS1       —>   HS1
 (KOMPD             (KOMPDS              KOMPDS = ist daß-Satz
  KOMPI)             KOMPIS)             KOMPIS = ist Infinitivsatz
```

die die folgenden Regeln erzeugt:

```
HS2            ,   NS1       —>   HS1
 (KOMPD)            (KOMPDS)
HS2            ,   NS1       —>   HS1
 (KOMPI)            (KOMPIS)
```

Bei den Metaregeln sind die Kategorien HS2, NS1 und HS1 invariant, die Eigenschaften KOMPA, KOMPS, etc. variant.

5. Zusammenfassung

Ich habe versucht zu zeigen, daß man die SEGMENT-Grammatik mit Mitteln der LFG und der GPSG beschreiben kann, wozu als ergänzendes Beschreibungselement eines tritt, das die Restriktionen betrifft, die die SEGMENT-Grammatik als Analysegrammatik benötigt und auf die die LFG und die GPSG als generative Grammatiken weitgehend verzichten.

(1) LFG
Die SEGMENT-Grammatik hat eine Konstituentenstruktur und eine funktionale Ebene, wobei die PS-Regeln durch funktionale Beschreibungen erweitert sind und Lexikoneinträge die Korrektheit einer Satzbeschreibung mitbestimmen.

(2) GPSG
Die SEGMENT-Grammatik läßt sich mit dem gleichen Regelformat wie die GPSG beschreiben, das um eine Restriktionenmenge X' erweitert wird. Sie benutzt komplexe Symbole und Metaregeln.

Allgemein läßt sich folgendes formulieren: was die SEGMENT-Grammatik mit den anderen beiden Grammatiken vergleichbar macht, ist die Tatsache, daß sie außer einer Konstituentenstruktur auch zugrundeliegende Relationen beschreibt, indem sie etwa die folgenden Fragen beantwortet:
Was ist die Funktion des Segments "und lassen" in den folgenden Sätzen:
B5: Er kann tun **und lassen**, was ihm beliebt.
B6: Sie ecken überall an, weil sie tun **und lassen**, was ihnen gefällt.
B7: Sie sind wie die Kinder **und lassen**, wenn es ihnen paßt, einen Drachen steigen.

In B5 ist das Segment ein Hauptsatz, in B6 ein finiter Adverbialsatz. In B7 ist es der vordere Teil eines diskontinuierlichen Hauptsatzes.

Was ist die Funktion der Kommas in:
B8: Sie bat den Kommissar der Gemeinschaft, Haverkamp, Indien zu besuchen.
B9: Demnächst wird der Kommissar der Gemeinschaft, Haverkamp, Indien besuchen.
In B9 haben sie keine Relevanz für die Segmentanalyse, in B8 trennt das zweite Komma zwei Segmente voneinander. Das zweite Segment wird als Komplement zum ersten erkannt.

LFG und GPSG sind sicherlich von einer anderen Qualität als die SEGMENT-Grammatik, da sie als generative Grammatiken konzipiert und in einem höheren Maße verallgemeinerbar sind. Wir haben noch nicht versucht, die SEGMENT-Grammatik zu einer allgemeinen Analysegrammatik auszubauen, weil ihr Wert gerade in ihrer Eingeschränktheit, Zielgerichtetheit und vor allem in ihrer praktischen Verwendbarkeit für eine konkrete Aufgabe liegt. Anders als bei LFG oder GPSG läßt sich die Qualität der SEGMENT-Grammatik sehr genau abschätzen. Sie wurde vor ca. 10 Jahren geschrieben und kann für Deutsch und Russisch, unter bestimmten Bedingungen auch für Englisch und Französisch benutzt werden. Sie hat ihren Zweck bisher voll erfüllt, was sich daran zeigt, daß sie seit ca. 5 Jahren kaum verändert werden mußte. Ich sollte nochmal erwähnen, daß die SEGMENT-Grammatik nur ein Teil des Satzsegmentierungsmoduls in SUSY ist. Wenn noch Fehler vorkommen, so haben sie ihren Ursprung eher in der Verwaltungssoftware des Moduls, die ein gewisses Maß an Determinismus erfordert, als an der SEGMENT-Grammatik selbst.

LITERATUR

Gazdar, G. (1982). Phrase Structure Grammar. In: P. Jacobson, G. K. Pullum (1982). The Nature of Syntactic Representation. Dordrecht: Reidel P. C.

Maas, H.-D. (1984). Struktur und Steuerung der Regeln in der Analyse des Deutschen (SUSY-II). In diesem Band.

SFB100/A (Hrsgb.,1980). SALEM. Ein Verfahren zur automatischen Lemmatisierung deutscher Texte. Tübingen: Niemeyer

Thiel, M. (1984). Zur Verwaltung von Mehrdeutigkeiten. In diesem Band.

Winograd, T. (1983). Language as a Cognitive Process. Reading, Mass.: Addison-Wesley

Anhang

Im folgenden sind die zur Zeit implementierten kontextfreien Regeln mit ihren Restriktionen aufgeführt. Zu den Symbolen der Grammatik und zu den verwendeten Variablen einige Erläuterungen:

A	terminales Segment
NKO	Segmente koordinierendes Symbol
,	Segmente trennendes Symbol
HS2	Hauptsatz 2. Stufe
HS1	Hauptsatz 1. Stufe
NS2	Nebensatz 2. Stufe
NS1	Nebensatz 1. Stufe (Der Unterschied zwischen 1. und 2. Stufe ist der, daß Sätze andere Sätze anschließen können (2. Stufe), aber nicht müssen (1.))
SATZ	Gesamtsatz
I,N,K,K1,...	Variablen
RELPRON	Relativpronomen
UKONJ	unterordnende Konjunktion
FIVHS	finites Verb in Hauptsatzstellung
FIVNS	finites Verb in Nebensatzstellung
VERBINVENTAR	Inventar des Segments an verbalen Elementen
KOMPA	Komplementsatz anschließbar
ATAN	Attributsatz an NP anschließbar
INVENTARKOMPLETT	Es besteht kein Defizit bezüglich der Vollständigkeit des Segments, d.h. zu einer unterordnenden Konjunktion gehört ein finites Verb und zu einer Konjunktion vom Typ "UM ZU" gehört ein Infinitiv mit "zu".
RELPTZ	Partizipialsatz einleitendes Wort (Adjektiv oder Partizip)
SAFETYNET	Regeln werden abgeschwächt, falls die starken Restriktionen zu keinem Ergebnis führen
UMZU OHNEZU ANSTATTZU	die Konjunktionen "um zu", "ohne zu" und "anstatt zu", die Infinitivsätze einleiten
KOMPSATZ	Komplementsatz
ATRSATZ	Attributsatz

Regeln

```
18  A --> HS2      // I
                      (Diese Notation bedeutet, daß die Variablen rechts
                      von "//" den Symbolen auf der linken Seite der
                      Regel zuzuordnen sind)
applies if TEXTTYP = TITEL or
           not INVENTAR of I intersection  RELPRON,UKONJ,
           COMPLEMENTIZER  fi
19  A --> NS2      // I
applies if INVENTAR of I intersection  RELPRON,UKONJ,
           COMPLEMENTIZER  or
           (not INVENTAR of I-1 intersection { FIVHS } and
           VERBINVENTAR of I intersection VERBINVENTAR of
           I-1) fi
20   , --> NKO
    "," kann anreihende Funktion haben.
```

```
7    HS2 , NS1  --> HS1    //  I  KOM  N
          applies if ( not SYNCAT of KOM intersection { NKO,SEMIKOLON})
          and ( ( INVENTAR of I intersection {KOMPA}and
          INVENTAR of N intersection {KOMP} ) or
          ( INVENTAR of I intersection {ATAN}and
          INVENTAR of N intersection {ATRSATZ}) or
          (INVENTAR of N intersection {UKONJ} ) ) and
          INVENTARKOMPLETT of N = TRUE   fi
8    HS2  -->  HS1
     Keine Restriktionen.
9    HS2  NKO  HS1  -->  HS1    // I  K  N
applies if VERBINVENTAR of I intersection VERBINVENTAR of N
        fi
10   NS2  NKO  NS1  --> NS1    // I  K  N
applies if VERBINVENTAR of I intersection VERBINVENTAR of N
          and ( ( SATZTYP of I = SATZTYP of N ) or
          ( SATZTYP of I intersection SATZTYP of N and
          VERBINVENTAR of I intersection VERBINVENTAR of N )
          or ( SATZTYP of I = leer and SATZTYP of N = leer
          and SATZTYP of I-1 intersection{ RELSATZ,KOMPSATZ,
          ADVERBIALSATZ } and VERBINVENTAR of I-1
          intersection VERBINVENTAR of I intersection
          VERBINVENTAR of N  ) ) and
          not ( INVENTAR of I intersection { RELPTZ}and
          INVENTAR of N intersection {RELPRON} ) and
          not ( SATZTYP of I = KOMPSATZ and SATZTYP of N =
          KOMPSATZ and INVENTAR of I intersection
          {INFMITZU} and INVENTAR of N intersection
          {COMPLEMENTIZER} )   fi
15    NS2  ,  NS1  -->  NS1    //   I  K  N
      Restriktionen wie für  7  .
13    NS2  -->  NS1       //   I
      Keine Restriktionen.
24    NS1  -->  HS1       //   I
applies if SAFETYNET = TRUE and
        not ( INVENTAR of I intersection { UKONJ,RELPRON,
        COMPLEMENTIZER,UMZU,OHNEZU,ANSTATTZU } )   fi
6     NS2  ,  HS1  -->  HS1    //   N  KOM  I
      Restriktionen wie für  7  .
16    A  ,  NS1  ,  A   -->  HS1    //   I1  K1  N  K2  I2
applies if not (SEMCAT of K1 intersection { NKO,SEMIKOLON,
        DOPPELPUNKT}or SEMCAT of K2 intersection { NKO,
        SEMIKOLON,DOPPELPUNKT })  and
        not ( INVENTAR of I1 intersection { INF } and
        INVENTAR of I1 intersection {FIV} )  and
        not INVENTAR of I1 intersection { VERBPRAEFIX}and
        not SATZTYP of I1 intersection { KOMPSATZ,
        ADVERBIALSATZ,RELATIVSATZ}  and
        not SATZTYP of I2 intersection { KOMPSATZ,
        ADVERBIALSATZ,RELATIVSATZ }  and
        not INVENTAR of I2 intersection { FRAPRON,RELPRON,
        COMPLEMENTIZER,UKONJ,UMZU,OHNEZU,ANSTATTZU }  and
        INVENTARKOMPLETT of N = TRUE   and
        if SATZTYP of N = KOMPSATZ then INVENTAR of I1
        intersection {ATAN }  fi
```

```
        and not ( INVENTAR of I1 intersection INVENTAR of
        I2 intersection { FIV } )
        and not ( INVENTAR of I1 intersection INVENTAR of
        I2 intersection { INFMITZU } )
        and not ( not ( INVENTAR of I1 intersection { FIV } )
        and not (INVENTAR of I2 intersection { FIV }) )  fi
17    A  ,  NS1  ,  A  -->  NS2   //   I1  K1  N  K2  I2
      Restriktionen wie  16   außer der Restriktion, die bei
      I1 und I2 im Inventar "KOMPSATZ", etc. verbietet.
2     HS1  NKO  SATZ   -->  SATZ   //   I  NK  N
      Restriktionen wie  9
3     HS1  -->  SATZ    //   I
applies if INVENTAR of I intersection { FIV } or TEXTTYP =
        TITEL or ( INVENTAR of I-1 intersection { FIV } and
        VERBINVENTAR of I-1 intersection VERBINVENTAR of I )
        fi
1     SATZ  -->  Anfangssymbol
      Keine Restriktionen.
```

ZUR VERWALTUNG VON MEHRDEUTIGKEITEN

Manfred Thiel

0. Einleitung

Dieser Beitrag behandelt das Problem der Mehrdeutigkeiten bei der Analyse natürlicher Sprache, und zwar unter Berücksichtigung von Parsingstrategien, ohne daß dabei eine spezielle kontext-freie Syntax im Vordergrund stehen wird. Zur genaueren Einordnung des Themas wird folgende bildhafte Darstellung verwendet:

Theorien zur Sprachanalyse bzw. -synthese sollen für möglichst viele auftretende Probleme Lösungen anbieten. Gegenwärtig werden insbesondere kontextfreie Syntaxtheorien diskutiert: functional grammar, lexical-functional grammar, generalized phrase structure grammars u.a. Nun beschäftigen sich deren Modelle alle mit dem gleichen Objektbereich 'Sprache', also im Grunde mehr oder weniger explizit mit der gleichen Problemmenge, nämlich:

morphologische Analyse
Subjekterkennung
Nominalgruppenanalyse
...

Diese Probleme liegen quer zu den Grammatiken:

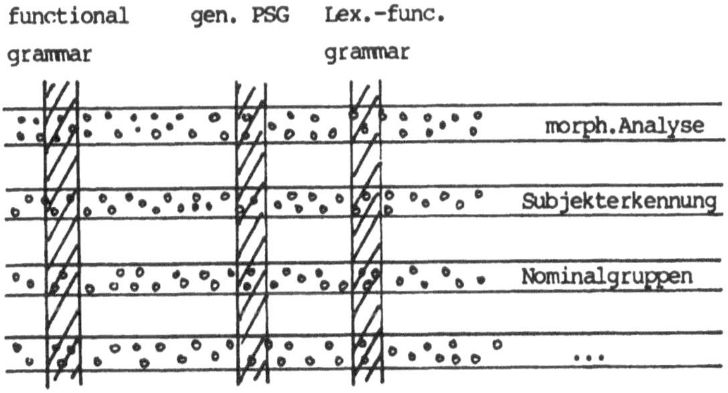

Im Kontext eines Parsers als prozessoralem System treten über diese im eigentlichen Sinne linguistischen Probleme hinaus Schwierigkeiten auf, die sich beispielsweise aus der Konkurrenz verschiedener Regeln bei der Anwendung auf die gleiche Datenbasis ergeben. Damit ist - wenn auch nur kurz - das Problem der Mehrdeutigkeit bei der Analyse natürlicher Sprache umrissen. Im folgenden werden Vorschläge zur Verwaltung von Mehrdeutigkeiten entwickelt.

In ihrer Konzeption sind die vorgeschlagenen Problemlösungen unabhängig von den "vertikalen" Modellen, sie können daher zu den verschiedensten Grammatiken in Beziehung gesetzt werden.

Das Problem der Mehrdeutigkeiten bei der maschinellen Analyse natürlicher Sprache wirkt sich auch auf andere Komponenten des Systems aus, so auch auf die Datenstruktur. Eine Datenstruktur soll in der Lage sein, Ergebnisse alternativer Regelanwendungen darzustellen, der Parser sollte über eine Strategie verfügen, die u.a. die Auswahl der Regeln intelligent steuert. Dementsprechend muß eine umfassende Verwaltung von Mehrdeutigkeiten beide Aspekte behandeln. In diesem Aufsatz soll aber lediglich der Aspekt der Analysestrategie betrachtet werden.

1. Analysestrategie

Setzt man voraus, daß ein Parser im Groben durch die linguistischen Daten (Lexika, Wissensbasen und Grammatik), die Datenbasis und den Algorithmus, der diese Daten verarbeitet, beschrieben ist, kann Analysestrategie in einer ersten Näherung verstanden werden als Planung der Entscheidungen durch den Verarbeitungsalgorithmus. Seine Strategiekomponente plant unter Berücksichtigung von linguistischen Daten und der Datenbasis. Die Bewertung dieser Informationen erfolgt aufgrund von Metawissen. Es soll an dieser Stelle nicht weiter darüber nachgedacht werden, inwieweit Wissen über die Welt und Inferenzfähigkeit in die Strategiekomponente eines Parsers eingehen können. Lediglich ein Hinweis sei gegeben: wenn das System weiß, daß die mit "der Kommissar" bezeichnete Person ein Fernglas mit sich führt, steigt die Wahrscheinlichkeit, das in dem Satz

Der Kommissar beobachtet den Mann mit dem Fernglas.

die Nominalphrase "mit dem Fernglas" nicht Attribut ist.

Aufgrund der mannigfachen Mehrdeutigkeiten auf morphologischem, syntaktischem und semantischem Gebiet scheint zur Bewältigung nichtdeterministischer Entscheidungssituationen in der Analyse natürlicher Sprache eine tentative Strategie angebracht zu sein, also eine Vorgehensweise, bei der

Entscheidungen widerrufen werden können, indem eine andere Alternative weiterverfolgt wird oder bei der mehrere Alternativen gleichzeitig verfolgt werden können. Daß allerdings auch deterministisches Parsen oder besser: die Verwendung einer unwiderruflichen Strategie der Sache gerecht werden kann, zeigen Experimente mit PARSIFAL (MARCUS (1980)) und Teilen von SUSY.

Allerdings sind deterministische Parser nicht ganz unproblematisch. So sagt auch WAHLSTER (1982) über PARSIFAL und andere Parser: " Die bisher implementierten Parser sind trotz ihrer Effizienz für den Einsatz in anwendungsorientierten NSS noch nicht geeignet, da in ihnen bisher eine allgemeine Behandlung von Konjunktionen, Präpositionalergänzungen und lexikalischen Mehrdeutigkeiten fehlt." (S. 237) Ähnlich äußert sich auch WINOGRAD (1983), S. 410.

Die Aufgabe der unwiderruflichen Strategie liegt bei nichtdeterministischen Entscheidungssituationen darin, die (aller Voraussicht nach) beste Entscheidung zu treffen, und bei tentativer Strategie darin, die potentiell auf die gleiche Datenbasis anwendbaren Regeln zumindest zu **ordnen**, damit auch bei sequentieller Regelanwendung die (aller Voraussicht nach) beste Entscheidung als erste ausgeführt wird.

Es ist davon auszugehen, daß die Sätze, auch wenn sie syntaktisch oder semantisch mehrdeutig sind, vom Produzenten des Textes als eindeutig intendiert sind. Also ist es eine Aufgabe des Parsers herauszufinden, was der Textproduzent wohl eindeutig meinte. Diese Interpretation gilt es höher zu gewichten. Voraussetzung zu Erkennung der Sprecherintention ist die Erstellung aller Interpretationen des Textes, da nur dann sichergestellt werden kann, daß die intendierte Interpretation auch gefunden wird.

Dies bedeutet, daß sich die Strategiekomponente eines Parsers auf Bewertungen in irgend einer Form stützen können muß, um diese Entscheidungen herbeiführen zu können.

Derartige Bewertungen (oder auch: Gewichtungen) wurden beispielsweise von WILKS für sein MT-System als notwendige Erweiterung angeführt.

An dieser Stelle ist auch auf den Ansatz von WOTSCHKE hinzuweisen. Ihre Controlled Partition Grammar ordnet die Regelanwendung bei kontextfreien Grammatiken, indem eine reguläre Kontrollmenge über die Regeln gebildet wird. Dieser Ansatz kann folgendermaßen kurz skizziert werden. Zur Erzeugung der Sprache L, die nicht kontextfrei ist,

$$L = \{ X C X : X \in \{A,B\}^{+} \}$$

wird folgende Controlled Partition Grammar angegeben:

$$
\begin{array}{llll}
G: (\{S,A\}, \{a,b,c\}, S, & & & \\
[S \longrightarrow & S\,C\,A] & & \\
[S \longrightarrow & aS, & A \longrightarrow & aA], \\
[S \longrightarrow & bS, & A \longrightarrow & bA], \\
[S \longrightarrow & a, & A \longrightarrow & a], \\
[S \longrightarrow & b, & A \longrightarrow & b])
\end{array}
$$

Die neun kontextfreien Regeln sind auf 5 Matrizen verteilt, die den Komponenten des regulären Ausdrucks, der die möglichen Regelanwendungen einschränkt, entsprechen. Die in einer Matrix enthaltenen Regeln müssen alle auf der gleichen Stufe der Ableitung ausgeführt werden. Erst dann darf zu einer neuen Matrix übergegangen werden.

In FUJISAKI (1984) wird ein Parser vorgestellt, der eine stochastisch augmentierte Grammatik benutzt. Es wird ein erfolgreiches Experiment vorgestellt, bei dem der prädiktive Parser von KUNO (KUNO (1966)) um stochastische Werte erweitert wird. Ein speziell entwickelter Algorithmus verarbeitet diese Grammatik und bewertet die Analyseergebnisse.

Eine der umfangreichsten Anwendungen von Gewichtungen liegt in den maschinellen Übersetzungssystemen SUSY, mehr aber noch in METAL (SLOCUM) vor. METAL benutzt einen Plausibilitätsfaktor, um die beste der möglichen Interpretationen eines mehrdeutigen Satzes auszuwählen, wobei die Gewichte sowohl lexikalische als auch grammatische Phänomene betreffen. Der Gebrauch der Gewichte in diesem System geht zurück auf ROBINSON's Grammatikkonzept DIAGRAM (ROBINSON (1982)). Anstatt eine Regel einfach entweder zu akzeptieren oder zurückzuweisen, kann eine Regel mit der Zuweisung einer Plausibilität der Korrektheit akzeptiert werden.

Ausgehend von MARCUS' Parser PARSIFAL entwickelte CHARNIAK den ebenfalls deterministischen Parser PARAGRAM (CHARNIAK (1983)). In PARAGRAM werden aktivierte Regeln parallel getestet. Diese Tests ergeben eine numerische Qualitätsbewertung. Die Regel mit dem höchsten Wert wird ausgeführt.

In Systemen der Künstlichen Intelligenz sind Gewichtungsfunktionen häufiger anzutreffen. Hierzu einige Beispiele:

EVANS beschreibt schon 1968 ein Programm zur Lösung geometrischer Analogieprobleme. In diesem System kann verglichen werden, ob 2 geometrische Figuren ähnlich sind. Hierzu werden folgende Mittel eingesetzt: Maßstab,

Relationen wie links, über, innen, Rotation. Bei Nicht-Identität wird ein Maßstab für die Ähnlichkeit eingesetzt.

Das System AM entdeckt automatisch neue mathematische Konzepte. Es ist beschrieben in DAVIS, R./LENAT, B. (1982) und benutzt ebenfalls eine Gewichtungsfunktion: "For the moment, assume some magical function exists, which provides a numerical rating, a priority value, for any given task. The function looks at the given facet/concept pair, examines all associated reasons supporting that task, and computes am estimate of how worthwile it would be for AM to spend some time of that concept." (S. 31)

Die Schlußfolgerungen, die MYCIN durchführt, sind in einem AND/OR-Graphen organisiert. Jeder Knoten dieses Graphen ist mit einem certainty-factor versehen. MYCIN benützt diese Faktoren, um die plausibelste Schlußfolgerung zu berechnen (vgl. DAVIS/BUCHANAN/SHORTLIFFE (1977)).

Auch in Übersichtsdarstellungen zur Künstlichen Intelligenz finden sich Hinweise auf Gewichtungen. So auch in WINSTON (1979): "But if an exact match cannot be found, then it is necessary to use a score-keeping mechanism." (S. 23)

Alle Verwendungen von Gewichten sind aber eher ad hoc, aus dem Bedarf heraus entstanden. Daher soll im folgenden versucht werden, eine allgemeine Grundlage für Gewichtungen zu entwickeln und auf einige Anwendungsbeispiele hinzuweisen.

1.1. Gewichte und Gewichtungen

Es ist zuerst zu unterscheiden zwischen Gewicht und Gewichtung, also dem Wert und dem Vorgang der Berechnung neuer Werte. Gewichte werden als numerische Werte repräsentiert. Gewichtung ist eine Bewertungsfunktion, die aus einem bereits vorliegenden Gewicht und einem primären Gewicht das neue, modifizierte Gewicht berechnet. Das bereits vorliegende Gewicht g_v ist in der Datenbasis enthalten und wird durch das modifizierte Gewicht g_m ersetzt:

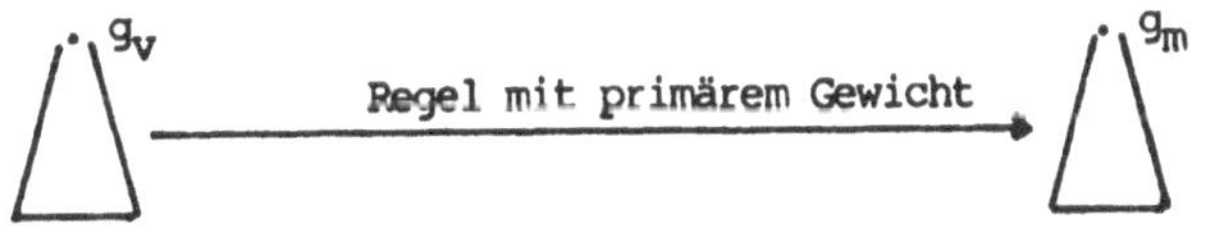

Als erstes sollen nun die primären Gewichte eingeführt werden. Sie heißen primär, weil sie der Linguist (als Metawissen) in das System einbringt. Hierbei kann unterschieden werden zwischen

- Gewicht morphologischer Alternativen im Lexikon
- Gewicht semantischer Alternativen im Lexikon
- Gewicht einer Regel (bzw., falls vorhanden, einer Teilgrammatik). Gewichte der Regeln könnten in generalized phrase structur grammars zum Beispiel die LP-Regeln betreffen.

Für den Vorgang des Gewichtens wird folgende Klassifikation vorgeschlagen:

> **Endogene Gewichtung** liegt vor, wenn das Softwaresystem ohne Verwendung eines primären Gewichts ein modifiziertes Gewicht berechnet.

Die semantische Analyse in SUSY benützt z.B. eine endogene Gewichtung. Die Teilgrammatiken der semantischen Analyse bestehen aus einer Sequenz von Regeln, die von der ersten bis zur letzten präferentiell abgearbeitet werden. Da die Regeln der Strenge der darin ausgedrückten Restriktionen nach geordnet sind, kann man davon ausgehen, daß die Anwendung der n-ten Regel ein besseres und sichereres Ergebnis liefert als die Anwendung der n+l-ten Regel.

SUSY II gewichtet insofern endogen, als die durch eine angewandte Regel neu gezogene Kante in der Chart das Gewicht der von ihr überspannten kürzeren Kanten erhält.

Die Funktionsweise des Transfers in METAL mit den teilweise geordneten Transfereinträgen kann auch als endogen gewichtend bezeichnet werden.

> **Exogene Gewichtung** liegt vor, wenn das modifizierte Gewicht unter Verwendung eines primären Gewichts, das der Linguist festlegt, berechnet wird. Es kann zwischen absoluter und relativer exogenen Gewichtung unterschieden werden.
>
> Von einer **absoluten exogenen Gewichtung** kann gesprochen werden, wenn unabhängig vom vorliegenden Gewicht aus dem primären Gewicht das modifizierte berechnet wird. Normalerweise wird das modifizierte Gewicht gleich dem primären gesetzt, um z.B. eine Analysealternative zu verbieten.

In dem Abschnitt über partielle Parser wird ein Anwendungsbeispiel gegeben.

> Die **relative exogene Gewichtung** wird durch eine Funktion repräsentiert, die als Parameter 1) das vorliegende Gewicht einer Struktur in der Datenbasis und 2) das primäre Gewicht der darauf angewandten Regel hat und das modifizierte Gewicht berechnet.

Relative exogene Gewichtungen kommen aufgrund der vielfältigen Anwendungsmöglichkeiten am häufigsten vor. Wir werden dies im folgenden z.B. im Rahmen der Best-first-Strategie sehen.

1.2. Einige Anwendungen

1.2.1. Best-first-Strategie

Mithilfe insbesondere der relativen exogenen Gewichtung kann eine Best-first-Strategie, wie sie von WAHLSTER (1979) angesprochen wurde, konzipiert werden.

Gehen wir davon aus, daß eine kontextfreie Grammatik in einem Produktionensystem verwendet wird. Es soll deshalb ein Vorschlag für die Best-first-Strategie im Rahmen von Produktionensystemen entwickelt werden, da deren klare Konzeption und Terminologie eine gute Grundlage hierfür bieten.

Produktionensysteme verfügen über eine globale Datenbasis, eine Menge von Produktionenregeln und eine Kontrollstruktur. In jeder Regel ist eine Precondition formuliert, die in der Datenbasis getestet wird, d.h. es wird getestet, ob die Regel matcht. Für eine gegebene Datenbasis wählt ein unkontrolliertes Produktionensystem alle anwendbaren Regeln aus. Diese Regelmenge wird Produktionenmenge genannt. Jede in dieser Produktionenmenge enthaltene Regel verändert die Datenbasis, sodaß weitere Datenbasen und damit Produktionenmengen erzeugt werden können. Dadurch entsteht ein Graph, normalerweise ein Baum. Er wird Suchbaum genannt. Ein Teilgraph davon stellt die Lösung des Problems - in unserem Fall der Ablauf der Analyse ohne Sackgassen - dar und wird Lösungsbaum genannt. Der Lösungsbaum ist also schmaler, enger als der Suchbaum. Das Problem der Strategie kann nun exakter gefaßt werden: Es gilt, auf optimalem Weg den Lösungsbaum im Suchbaum zu finden.

Während sog. deterministische Parser unwiderrufliche Entscheidungen treffen, sollen bei der Best-first-Strategie tentative Entscheidungen an jedem Knoten des Suchbaumes erlaubt sein, wobei aber jeweils nur diejenigen Wege weiter verfolgt werden, die zu dem gegebenen Zeitpunkt am erfolgreichsten erscheinen. In diesem Nichtdeterminismus liegt der Unterschied zu CHARNIAK's Ansatz.

Gemäß dem eben eingeführten Konzept von Gewichtungen wird davon ausgegangen, daß die Produktionen gewichtet sind. Für alle Knoten des Suchbaumes werden die Produktionenmengen berechnet, falls dies noch nicht geschehen ist. Diejenige Regeln aus allen Produktionenmengen mit dem höchsten Gewicht werden in einer Hyperproduktionenmenge gesammelt. Die Regeln in der Hyperproduktionenmenge können parallel ausgeführt werden. Dieses Verfahren iteriert. Somit wird der Suchbaum nur an ganz bestimmten Stellen expandiert, so daß im besten Fall unter Vermeidung von Sackgassen nur der Lösungsbaum erzeugt wird.

Dieser Algorithmus zeigt einige Analogien zum AO* Algorithmus in NILSSON (1982), der markierte Kanten im Graphen benutzt.

Zur Einordnung der Best-first-Strategie in den weiteren wissenschaftlichen Kontext (vgl. WINSTON (1979), S. 88 ff) müssen folgende Suchverfahren unterschieden werden:

- Depth-first search
- Breadth-first search
- Best-first search
- hill climbing
- branch and bound

Die reinen Tiefe-zuerst- und Breite-zuerst-Suchen sollen hier übergangen werden, da sie trivial und ineffizient sind.

Hill climbing ist eine Tiefe-zuerst-Suche plus eine Methode zur Ordnung der Alternativen an jedem Entscheidungspunkt. Die Regelauswahl erfolgt in Richtung derjenigen Alternative, die die beste Bewältigung der Entscheidungssituation bei diesem Schritt erlaubt. Das Maß hierzu kann absolut, relativ, präzis oder annähernd sein. Das Verfahren hat einige Nachteile:

1. Hill climbing bricht bei vielen Dimensionen (=Alternativen an einem Entscheidungspunkt) zusammen.
2. Einige Einzelprobleme:
   - **foot hill problem:** Das Suchverfahren findet nur lokal die beste Lösung. Es verrennt sich vielleicht auf einem falschen Weg und findet die global beste Lösung nicht. Bildhaft stellt sich diese Situation folgendermaßen dar: Es gilt den höchsten Hügel zu ersteigen, aber der nächstbeste kleinere wird erklommen.
   - **ridge problem:** Es können Situationen nicht gemeistert werden, in denen jede Alternative zu Verschlechterungen führen. Dies kann man sich als eine Wanderung auf einem Grad vorstellen, wobei jeder Weg abwärts führt.
   - **plateau problem:** Wenn keine Differenzierung der Alternativen möglich

ist, kann nichts entschieden werden. Der Suchraum ist also platt und eben und läßt keine Entscheidung für eine bestimmte Richtung zu.

Hill climbing wurde als Similarity Space Speed Recognition weiterentwikkelt, worauf ich aber nicht näher eingehen möchte, da dieses Verfahren nur funktioniert, wenn ein Objekt zur Berechnung der Differenz zu Testobjekten vorgegeben ist, was aber in Parsern nicht der Fall ist.

Bei der Best-first-Suche liegt im Unterschied zum Hill climbing die Aufmerksamkeit auf dem globalen Ziel. Sie berücksichtigt bei der Wahl der Alternative den besten Knoten, unabhängig davon, ob er im teilweise expandierten Baum liegt oder nicht. Es ist allerdings nicht absolut sicher, ob immer nur der beste Weg verfolgt wird.

Dies wird sichergestellt bei der Branch and bound - Strategie. Der am höchsten gewichtete Weg wird expandiert und alle Gewichte der unvollständigen Wege aus den neuen Knoten des Suchbaumes heraus werden berechnet.

Die Gewichte der neuen unvollständigen Wege (in unserem Falle der Produktionenmenge) werden mit den verbleibenden unvollständigen verglichen und der beste expandiert.

So werden a) immer die besten Wege verfolgt
b) nur die besten Wege verfolgt
c) das Ziel immer optimal erreicht.

So zeigt sich die branch and bound - Strategie als die beste Strategie. (Der Name der "Best-first" wurde also offensichtlich etwas zu vorschnell vergeben.) Die hier als Parsingstrategie entwickelte Best-first - Strategie entspricht der branch and bound - Strategie.

1.2.2. Garbage Collector

Die Gewichte der Analyseergebnisse in der Datenbasis bilden die Grundlage für die Entscheidung des Garbage Collectors über die Akzeptanz bzw. Nichtakzeptanz von Teilergebnissen. D.h. z.B. bei Bedarf an Speicherplatz werden Zwischenergebnisse unterhalb eines vorgegebenen Cut-off-Wertes verworfen. Nebenbei sei bemerkt, daß es hier nicht Aufgabe des Garbage Collectors ist, einfach irgendwelche freien Speicherplätze zu sammeln, sondern den Suchbaum zu beschneiden, indem die Datenbasis dezimiert wird.

Der in SUSY II eingesetzte Garbage Collector funktioniert auf diese Weise.

1.2.3. Partielle Parser

In informatischer Sicht ist eine Grammatik Ausgangspunkt der Entwicklung eines Parsers. Bei partiellen Parsern beschreibt diese Grammatik - und das ist das "partielle" daran - einen Ausschnitt der natürlichen Sprache. Folglich kann ein partieller Parser genau diesen Ausschnitt analysieren und nichts darüber hinaus.

Die Konzeption, die dieser Vorgehensweise zugrundeliegt, scheint aber nicht die einzig mögliche zu sein. Ein anderer Ansatz, der mit Vorteil verfolgt werden kann, geht den umgekehrten Weg: Ausgehend von einem globalen Parser werden verschiedene partielle Parser erzeugt. Unter einem globalen Parser sei ein Parser zu verstehen, der von einer prinzipellen Einengung auf einen bestimmten Ausschnitt der natürlichen Sprache frei ist. Die Vorteile dieser Vorgehensweise sind darin zu sehen, daß mit weniger Aufwand verschiedene partielle Parser aus einem globalen Parser erzeugt werden können und daß dabei keine nennenswerte mehrfache Entwicklungsarbeit zu leisten ist. Darüber hinaus ist ein derartiges System für neue, bei der Entwicklung nicht vorgesehener Ausschnitte der natürlichen Sprache offener. Im Rahmen der vorgestellten Konzeption kann aus einem globalen Parser ein partieller erzeugt werden, indem die absoluten Gewichte von denjenigen Regeln, die Strukturen produzieren, die nicht zu diesem Ausschnitt gehören, auf den Wert 0 ("null") gesetzt werden. Die so gewichteten Regeln fallen aus der Grammatik heraus.

Die Generierung Partieller Prser wurde in einer früheren Version von SUSY II implementiert und zeigte sich als ein effizientes Verfahren.

1.3. Arten von Gewichten

Das Konzept, wie es bisher entwickelt wurde, läßt bewußt offen, was als Gewicht betrachtet werden kann. Dies muß Aufgabe des Linguisten sein. Er muß festelegen, **wie** er seine Gewichte vergibt. **Daß** es ein gangbarer Weg ist, zeigen Experimente in SUSY, METAL und PARAGRAM.

Zur Abrundung des Konzepts sollen aber einige Überlegungen zu den Arten von Gewichten angestellt werden, die gleichzeitig das Problem des Linguisten beleuchten.

Die Problematik der Arten von Gewichten wird im folgenden Beispiel deutlich: Als vorliegendes Gewicht sei die Bewertung einer semantischen Lesart eines Wortes gegeben. Der Knoten, der dieses Wort repräsentiert, matcht mit der Precondition einer syntaktischen Regel, die ein primäres Gewicht besitzt. Berechnet nun eine relative exogene Gewichtung ein modifiziertes Gewicht, kann dieses Gewicht nicht mehr interpretiert werden, da verschiedene Arten von Gewichten vermischt wurden. Folglich sollten Arten von Gewichten voneinander getrennt werden, bespielsweise betreffend

- Morphologie
- Syntax
- Semantik
- Pragmatik.

Bei n Arten von Gewichten wird z.B. in einem Array der Länge n das jeweils aktuelle Gesamtgewicht für jede Art getrennt gespeichert. Damit ist einerseits eine spezifische Bewertung der Analyseergebnisse möglich, andererseits - und das scheint die wichtigste Eigenschaft zu sein - eine Suche im Suchbaum entsprechend der Arten von Gewichten möglich. Mit anderen Worten, es können verschiedene Steuerungen der Analyse realisiert werden. Im Zusammenhang mit ATN's hat WAHLSTER (1979) verschiedene Mechanismen zur Steuerung einer Analyse diskutiert. Er unterscheidet zwischen syntaktisch, semantisch und semantisch-pragmatisch gesteuerten Parsern.

Nach der weiter oben entwickelten Best-first-Strategie bestimmen Gewichte den Weg durch den Suchbaum. Da nach dem Konzept der Arten von Gewichten morphologische, syntaktische, semantische und pragmatische Gewichte getrennt gehalten werden, sind sie auch getrennt bei der Berechnung des optimalen Weges durch den Suchbaum benutzbar. Im Unterschied zu anderen Systemen können hierbei die verschiedenen Steuerungen darüber hinaus interagieren. (Es ist von untergeordneter Relevanz, ob es sich um ATN's oder Produktionensysteme handelt und welcher Grammatiktyp benutzt wird.)

Literatur

BIBEL, W./SIEKMANN, J.H. (1982): Künstliche Intelligenz. Informatik Fachberichte 59, Berlin/New York/Heidelberg.

CHARNIAK, E. (1983): A Parser with something for Everyone. In: KING (1983), S. 117 - 149.

CHARNIAK, E./WILKS, Y. (1976): Computational Semantics. An Introduction to Artificial Intelligence and Natural Language Comprehension. New York /Amsterdam.

CHRISTALLER, T. / METZING, D. (1979): Augmented Transition Network Grammatiken. 2 Bde. Berlin.

DAVIS, R./BUCHANAN, B.G./SHORTLIFFE, E.H. (1977): Production rules as a representation for a knowledge-based consultation system. In: Artificial Intelligence 8, S. 15-45.

DAVIS, R./LENAT, D. (1982): Knowledge Based Systems in Artificial Intelligence. McGraw Hill.

EVANS, Th.G. (1968): A Heuristic Program to solve Geometric Analogy Problems. In: MINSKY (1968).

FUJISAKI, T. (1984): A stochastic approach to sentence parsing. In: COLING 84, Stanford, S. 16-19.

KING, M. (1983): Parsing Natural Language. London/New York.

KUNO, S. (1966): The Augmented Predictive Analyzer for Context-free Languages. Its Relative Efficiency. Vol.9, No.11, CACM 1966.

MARCUS, M.P (1980): A Theory of Syntactic Recognition for Natural Language. MIT Press. Cambridge/London.

MINSKY, M. (1968): Semantic Information Processing.

NILSSON, N.J. (1982): Principles of Artificial Intelligence. Berlin/Heidelberg/New York.

ROBINSON, J.J. (1982): DIAGRAM: A Grammar for Dialoques. CACM 25 (1), Jan. 1982, S. 27 - 47.

SLOCUM,J. (o.J.): METAL - The LRC Machine Translation System. Linguistic Research Center, The University of Texas.

WAHLSTER, W. (1979): ATN und semantisch-pragmatische Analysesteuerung. In: CHRISTALLER/METZING (1979), S. 167 - 185.

WAHLSTER, W. (1982): Eine Einführung in die sprachorientierte KI-Forschung. In: BIBEL/SIEKMANN (1982).

WILKS, Y. (1973): Preference semantics. In: Memoranda from the Artificial Intelligence Laboratory 206, Stanford University, Stanford

WILKS, Y. (1976): Parsing English II. In: CHARNIAK/WILKS (1976), S. 155 - 184.

WINOGRAD, T. (1983): Language as a Cognitive Process. Vol 1: Syntax. Reading, Mass.

WINSTON, P.H. (1979): Artificial Intelligence, Reading, Mass.

WOTSCHKE, W.-M. (1976): Controlled Partition Grammars as a Basis for a Syntactic Analysis of English. In: Sonderforschungsbereich "Elektronische Sprachforschung": Internationales Kolloquium 'Automatische Lexikographie, Analyse und Übersetzung'. Preprints.

WOTSCHKE, E.-M./WOTSCHKE, D./DOWNEY, P. (1976): Size, Index, and Context-sensitivity of CPG's. IBM RC 5867.